Wolfgang Steffel/Angela Hüttl-Zecca

Taizé hin und zurück – Mein biblisches Reiselesebuch

Wolfgang Steffel
Angela Hüttl-Zecca

TAIZÉ hin und zurück

Mein biblisches Reiselesebuch

Verlag
Katholisches
Bibelwerk

Die Deutsche Bibliothek – CIP-Einheitsaufnahme

Ein Titeldatensatz für diese Publikation ist bei
Der Deutschen Bibliothek erhältlich.

Umschlaggestaltung und Layout: Wolfgang Sailer

Umschlagfoto: KNA-Bild
Druck: FVA, Fulda
ISBN 3-460-27114-0

Inhaltsverzeichnis

Vorwort

„Taizé hin und zurück" – Dieses Buch ist zwar keine Fahrkarte nach Taizé, aber es will dir ein anregender und vielfältiger Reisebegleiter dorthin sein. In 19 Stichwörtern greift er Situationen, Stimmungen und Erlebnisse auf, die dir – in Taizé oder auch woanders – persönlich wichtig werden können. Er führt dich auf eine spirituelle Fahrt nach Taizé und wieder in deinen Alltag zurück. Er ist zugleich ein Weg in deine eigene innere Landschaft – voll von Überraschungen und Kostbarkeiten.
Stimmungsbilder und Annäherungen zu Beginn jedes Kapitels führen dich mitten ins Thema. Die Bibelstellen geben dir Orientierung und erschließen dir neue Sichtweisen. Originaltexte von jungen Menschen vertiefen deine Erfahrungen. Jedes Stichwort bietet eine praktische Übung, wie du das Evangelium ganz konkret in deinem Alltag leben kannst. In einem Gebet kannst du dich mit deinen Hoffnungen und Zweifeln, mit deinen Ängsten und Traurigkeiten und mit deiner Freude an Gott wenden.

Die Zugänge zu diesem Buch sind vielfältig:

- Du suchst Impulse, die deinen Alltag unterbrechen und vertiefen?
- Du möchtest die biblische Botschaft besser verstehen und in dein Leben integrieren?
- Du willst die Begeisterung und die Glaubenserfahrungen aus den Tagen in Taizé bewahren oder auffrischen?

Dann bietet dir dieser Reisebegleiter den nötigen Proviant für deinen Weg. Mache ihn zu deiner Bettlektüre, zu deiner Schatztruhe, zu deinem Trostpflaster oder zu deinem Gebetbuch. Wo immer du darin liest, wünschen wir dir „Gute Reise!"

Angela Hüttl-Zecca und Wolfgang Steffel

sich entscheiden

**Was wir heute tun, entscheidet darüber,
wie die Welt morgen aussieht.
(Marie von Ebner-Eschenbach)**

Du kannst dir bunt ausmalen, was du im Leben alles ausprobieren könntest,
oder eine Sache tatsächlich versuchen.
Du kannst dir tausend Möglichkeiten offenhalten
oder eine einzige verwirklichen.
Du kannst die Qual der Wahl herunterspielen
oder dich von ihr betreffen lassen.
Du kannst„vielleicht“,„unter Umständen“,„wenn“
und „ja, aber“ sagen
oder dein Ja ein Ja und dein Nein ein Nein sein lassen.
Du kannst vor lauter Bäumen den Wald nicht mehr sehen
oder einen kleinen Käfer am Ast entdecken.
Du kannst eine Schnur ohne Haken durch's Wasser ziehen
oder mit einem Köder einen großen Fisch angeln.
Du kannst dich in einer riesigen Stadt verirren
oder ein Viertel genauer erkunden.
Du kannst dich auf einer unendlichen Klaviatur verlieren
oder mit wenigen Tasten unendliche Melodien zaubern.
Du kannst entscheiden,
dich nicht zu entscheiden
oder dich zu entscheiden.

Lass die Toten ihre Toten begraben

Jesus fordert von den Menschen, die ihm nachfolgen wollen, eine klare Entscheidung. Wer sich für Jesus entscheidet, muss alles aufgeben, seine Heimat, seine „Höhle“, sein „Nest“. Was scheinbar noch unbedingt getan werden muss, ist nichtig im Vergleich zur bedingungslosen Nachfolge.

Als Jesus die vielen Menschen sah, die um ihn waren, befahl er, ans andere Ufer zu fahren. Da kam ein Schriftgelehrter zu ihm und sagte: Meister, ich will dir folgen, wohin du auch gehst. Jesus antwortete ihm: Die Füchse haben ihre Höhlen und die Vögel ihre Nester; der Menschensohn aber hat keinen Ort, wo er sein Haupt hinlegen kann. Ein anderer aber, einer seiner Jünger, sagte zu ihm: Herr, lass mich zuerst heimgehen und meinen Vater begraben! Jesus erwiderte: Folge mir nach; lass die Toten ihre Toten begraben! (Mt 4,18–22)

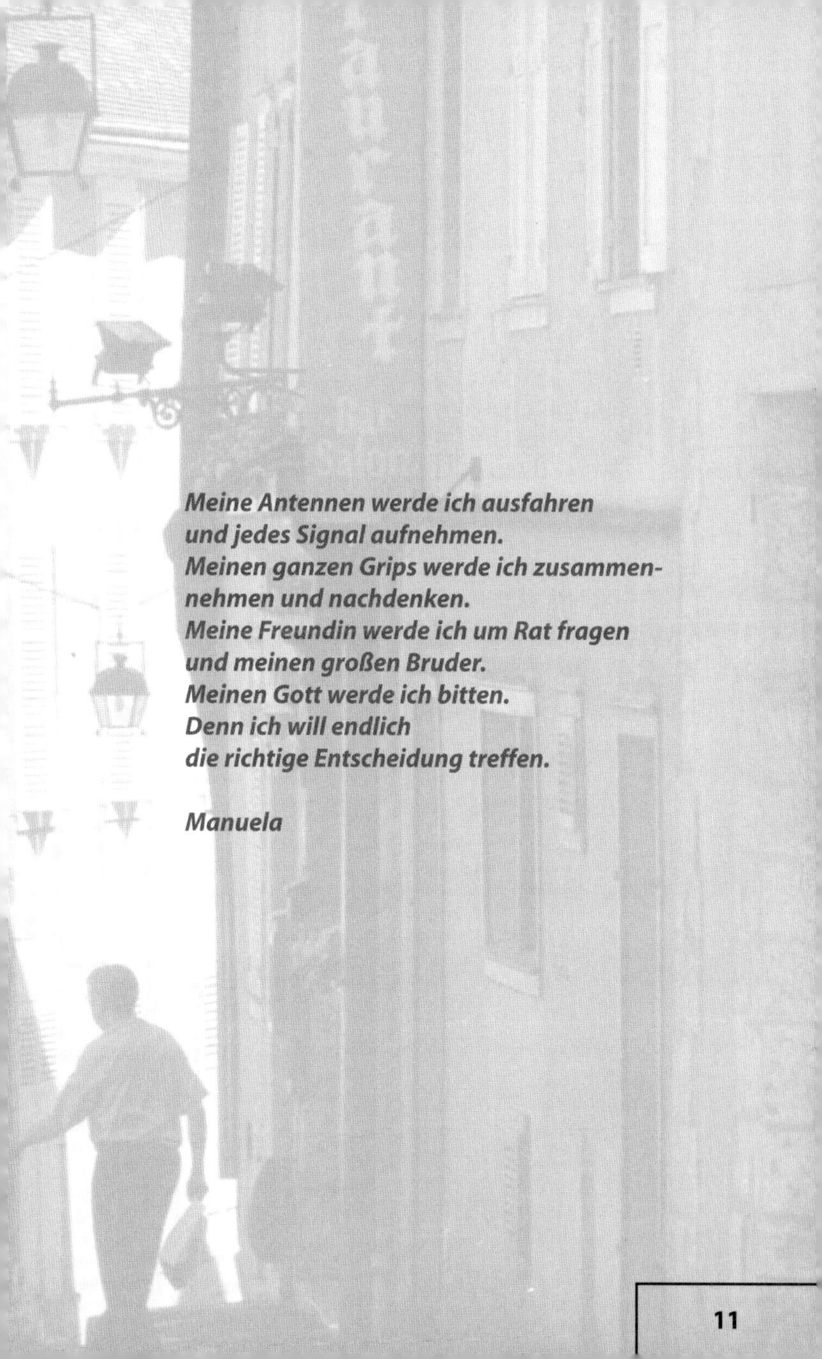

Meine Antennen werde ich ausfahren
und jedes Signal aufnehmen.
Meinen ganzen Grips werde ich zusammen-
nehmen und nachdenken.
Meine Freundin werde ich um Rat fragen
und meinen großen Bruder.
Meinen Gott werde ich bitten.
Denn ich will endlich
die richtige Entscheidung treffen.

Manuela

Wie entscheiden?

Schwierige Entscheidungen gibt es viele: die Schul- und Berufswahl; die Alternative, in einer brenzligen Situation zu helfen oder nicht; der Scheideweg, eine Beziehung fortzusetzen oder zu beenden.
Wir sehnen uns nach einem Rezept für die richtige Entscheidung, nach einer Checkliste zum Abhaken. Entscheidungen kann man aber nur einüben. Drei Schritte können dir helfen … und vielleicht bist du erstaunt, dass die Entscheidungsfindung scheinbar erst beim dritten Schritt etwas mit deiner konkreten Wahl zu tun hat.
Nimm dir Zeit!

Spüren, dass Gott sich für mich entschieden hat:

- Meditiere den Bibelvers „Ich danke dir, dass du mich so wunderbar gestaltet hast" (Ps 139,14), indem du ihn innerlich mehrmals nachsprichst.
- Erspüre bei geschlossenen Augen das sanfte Licht, das durch deine Augenlider dringt, und stelle dir vor, wie Gott dich liebend anschaut.
- Erinnere dich an ein Ereignis deines Lebens, in dem du dich Gott ganz nahe gefühlt hast. Nimm die Gefühle intensiv in dich auf.

Eine Grundentscheidung für ein Leben in Vertrauen und Hingabe treffen:

- Stelle dir zwei verschiedene Welten vor: eine Welt der Hoffnung und der Dankbarkeit und eine Welt des Misstrauens und des Hasses. Beheimate dich ganz in der Welt des Vertrauens.
- Lerne Jesus kennen, dessen Leben ganz und gar Vertrauen verkörpert. Lies in der Bibel. Bete mit Jesus zusammen das Vaterunser.
- Tausche dich mit Menschen deines Vertrauens aus, wie ein Leben im Geiste Jesu aussehen kann. Lerne das Leben anderer Menschen tiefer kennen und spüre auf, wie sie und du bereits in Hingabe leben.

Mit meiner konkreten Entscheidung meine Grundentscheidung ausformen:

- Stelle dir die konkrete Entscheidungssituation klar vor Augen. Welche Möglichkeiten gibt es? Überlege, wie du dich mit dem Kopf und wie mit dem Herzen entscheiden würdest.
- Erwäge, wie du entscheiden würdest, wenn du nur noch ein Jahr zu leben hättest. Denke darüber nach, wie du dich in der Stunde deines Todes entschieden haben möchtest. Was würdest du deiner besten Freundin raten, wenn sie mit deiner Entscheidung konfrontiert wäre?
- Mach das Leben in Vertrauen und Hingabe zum Maßstab deiner Entscheidung. Entscheide dich in dem Glauben, dass Gott sich für dich entschieden hat. Er steht zu dir auch in einer Fehlentscheidung.

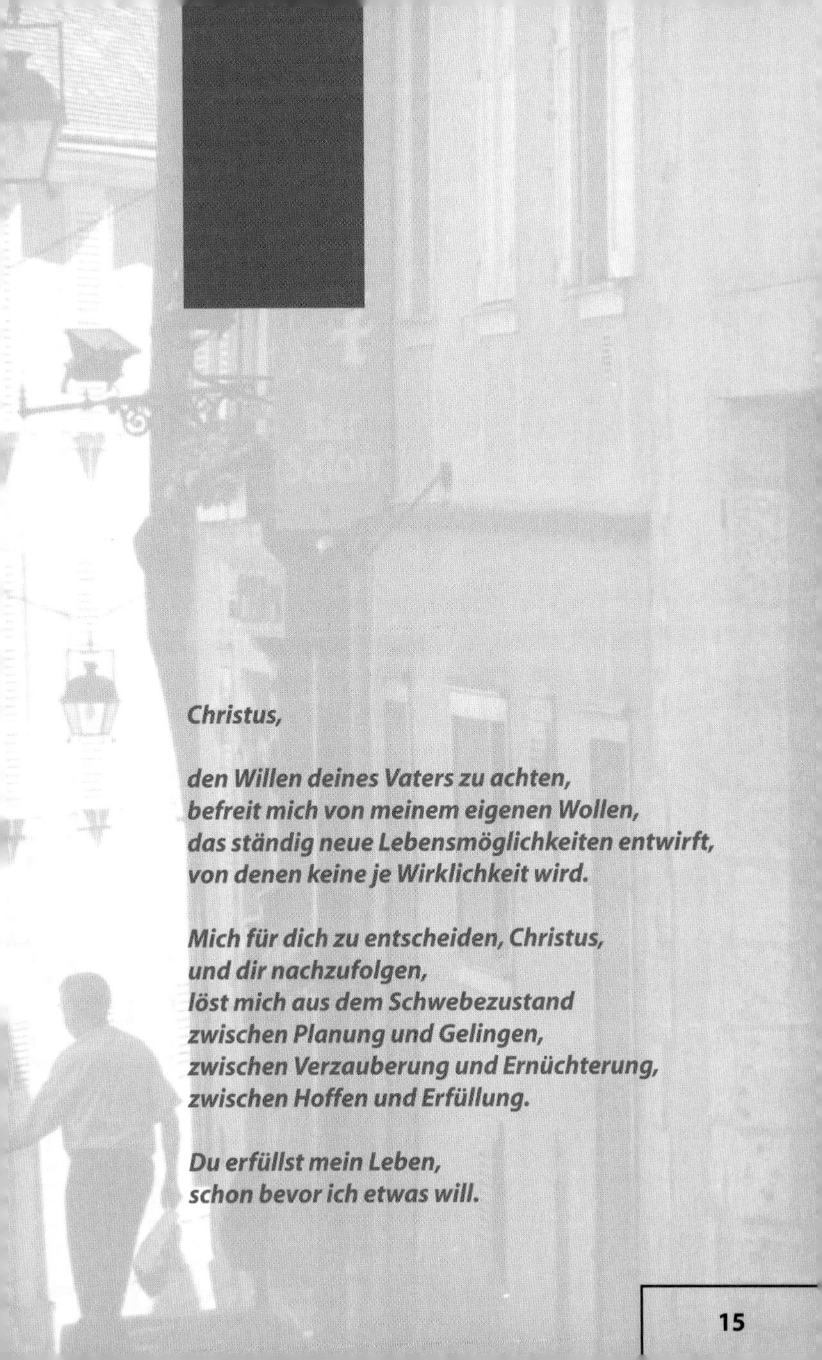

Christus,

den Willen deines Vaters zu achten,
befreit mich von meinem eigenen Wollen,
das ständig neue Lebensmöglichkeiten entwirft,
von denen keine je Wirklichkeit wird.

Mich für dich zu entscheiden, Christus,
und dir nachzufolgen,
löst mich aus dem Schwebezustand
zwischen Planung und Gelingen,
zwischen Verzauberung und Ernüchterung,
zwischen Hoffen und Erfüllung.

Du erfüllst mein Leben,
schon bevor ich etwas will.

auf-brechen

Warum legst du deine Flügel an
anstatt sie auszubreiten?
Du hältst vor einem Hügel an
und könntest drüber gleiten.
(Söhne Mannheims, Album Zion)

Egal bei welcher Reise,
ob nach Taizé oder anderswo hin,
beginnen muss ich meine Reise mit einem Bruch
– einem Auf-Bruch.

Ich mache mich auf,
breche meine Zelte zu Hause ab,
breche aus manchen eingeschliffenen Gewohnheiten aus,
breche, zumindest eine Zeit lang,
mit vertrauten Beziehungen
und verlasse meine gewohnte Umgebung.

Bei jedem Aufbruch
breche ich mit dem Alltag,
lasse Altes zurück,
damit es Platz gibt für
das Neue,
das Ungewohnte,
das Unbekannte,
das dann hervorbrechen kann.

Der Gang nach Emmaus

In ihrer Not und Verzweiflung, nach Jesu Tod, brechen zwei Jünger auf nach Emmaus und machen dabei eine besondere Erfahrung. Sie bleiben in ihrer Not nicht allein, werden begleitet und beim Brotbrechen erkennen sie ihren Begleiter als den Auferstandenen.

Am gleichen Tag waren zwei von den Jüngern auf dem Weg in ein Dorf namens Emmaus, das sechzig Stadien von Jerusalem entfernt ist. Sie sprachen miteinander über all das, was sich ereignet hatte. Während sie redeten und ihre Gedanken austauschten, kam Jesus hinzu und ging mit ihnen. Doch sie waren wie mit Blindheit geschlagen, sodass sie ihn nicht erkannten. Er fragte sie: Was sind das für Dinge, über die ihr auf eurem Weg miteinander redet? Da blieben sie traurig stehen, und der eine von ihnen – er hieß Kleopas – antwortete ihm: Bist du so fremd in Jerusalem, dass du als Einziger nicht weißt, was in diesen Tagen dort geschehen ist?

Er fragte sie: Was denn? Sie antworteten ihm: Das mit Jesus aus Nazaret. Er war ein Prophet, mächtig in Wort und Tat vor Gott und dem ganzen Volk. Doch unsere Hohenpriester und Führer haben ihn zum Tod verurteilen und ans Kreuz schlagen lassen. Wir aber hatten gehofft, dass er der sei, der Israel erlösen werde. Und dazu ist heute schon der dritte Tag, seitdem das alles geschehen ist.

Da sagte er zu ihnen: Begreift ihr denn nicht? Wie schwer fällt es euch, alles zu glauben, was die Propheten gesagt haben. Musste nicht der Messias all das erleiden, um so in seine Herrlichkeit zu gelangen? Und er legte ihnen dar, ausgehend von Mose und allen Propheten, was in der gesamten Schrift über ihn geschrieben steht.
So erreichten sie das Dorf, zu dem sie unterwegs waren. Jesus tat, als wolle er weitergehen, aber sie drängten ihn und sagten: Bleib doch bei uns; denn es wird bald Abend, der Tag hat sich schon geneigt. Da ging er mit hinein, um bei ihnen zu bleiben. Und als er mit ihnen bei Tisch war, nahm er das Brot, sprach den Lobpreis, brach das Brot und gab es ihnen. Da gingen ihnen die Augen auf und sie erkannten ihn; dann sahen sie ihn nicht mehr. Und sie sagten zueinander: Brannte uns nicht das Herz in der Brust, als er unterwegs mit uns redete und uns den Sinn der Schrift erschloss? Noch in derselben Stunde brachen sie auf und kehrten nach Jerusalem zurück und sie fanden die Elf und die anderen Jünger versammelt. Diese sagten: Der Herr ist wirklich auferstanden und ist dem Simon erschienen. Da erzählten auch sie, was sie unterwegs erlebt und wie sie ihn erkannt hatten, als er das Brot brach. (Lk 24,13–21.25–35)

Das Leben gleicht einem Kartenspiel,
man weiß nie, was man bekommt.
Um das Licht und die Wahrheit zu finden,
muss man sich auf einen Weg begeben,
der dem Lauf auf einem Reibeisen ähnelt,
der einem Schmerzen bereitet,
aber reifen lässt.
Wenn man aber die Wahrheit gefunden hat,
wird man feststellen,
dass es wie mit dem Wald ist,
den man vor lauter Bäumen nicht sieht.

Volker

Den Aufbruch wagen

In manchen Kirchengemeinden gibt es an Ostermontag noch den Brauch des „Emmaus-Gangs", d. h. dass Gemeindemitglieder sich miteinander auf den Weg machen und unterwegs sind, um den zwei Jüngern, die nach Emmaus gehen, auf die Spur zu kommen.

„Zwei Jünger waren unterwegs in ein Dorf." – Trotz Jesu Tod resignieren sie nicht, sondern sie brechen auf, gemeinsam, nicht allein.

„Sie sprachen miteinander über all das, was sich ereignet hatte." – Sie versuchen ihre Erfahrungen und ihre Gefühle in Worte zu fassen. Sie tauschen sich aus.

„Jesus kam hinzu und ging mit ihnen." – Die Jünger kapseln sich nicht ab, sie sind offen für den Fremden, der hinzustößt.

„Und er legte ihnen die Schrift aus." – Die Jünger kennen die Schrift. Sie suchen Antworten nicht aus sich selbst. Sie können zuhören.

„Jesus brach das Brot und gab es ihnen." – Jesus weiß um die Einheit von Leib und Seele. Nicht nur Reden und Diskussionen sind wichtig, auch das Miteinander-essen- und -trinken.

„Die Jünger kehrten nach Jerusalem zurück und erzählten von ihrem Erlebnis." – Die Jünger lassen sich von Jesus erneut anstecken. Sie hüten die Begegnung mit Christus nicht als ihr Geheimnis, sondern lassen alle an ihrer Freude teilhaben.

Es lohnt sich, diese Idee des Emmaus-Gangs, auch unabhängig vom Ostermontag, einmal aufzugreifen:

Starte mit ein paar Freunden an einem freien Tag eine kleine Wanderung. Mit einem schönen Ziel vor Augen und neben einem Vesper auch ein paar Impulstexte für unterwegs im Gepäck.

Gott des Aufbruchs,

immer wieder berufst du Menschen
aufzubrechen und Neues zu wagen.
Im Vertrauen auf dich gehen sie los.

Lass mich mutiger werden,
mit Allzuvertrautem im Alltag zu brechen,
deine Stimme ernst zu nehmen
und mich herausfordern zu lassen
zu einem abenteuerlichen Leben mit dir.

Segne alle, die im Aufbruch sind.

an-
kommen

**Heute besuche ich mich,
mal sehen ob ich zu Hause bin.
(Karl Valentin)**

In Taizé ankommen.
Ich bin am Ziel. Ich bin in Taizé.
Ich stelle meine Tasche ab und schaue mich um.
Ich lasse die ersten Eindrücke auf mich wirken.
Die Unterkünfte sind wirklich einfachste Bauweise.
Wo werde ich schlafen?
Die Landschaft ist hügelig, nichts Außergewöhnliches, aber heimelig.

Ich werde freundlich empfangen.

In Taizé bei den anderen ankommen.
Ich betrachte die vielen Menschen auf diesem Fleckchen Erde.
Es wuselt überall und doch scheint es keine Hektik zu geben. Es sind meist Grüppchen, die unterwegs sind.
Gehe ich in dieser Masse nicht unter? Werde ich ein paar Freunde kennen lernen? Ob ich bei den anderen ankomme?

Ich werde herzlich empfangen.

In Taizé bei mir selbst ankommen.
Ich will viel Zeit für mich selbst verbringen.
Ich will sie, fern von zu Hause, nützen, um mich besser kennen zu lernen.
Wo liegen meine Schwächen? Was sind meine Stärken?

Und wie werde ich mich empfangen?

Die Ablehnung Jesu in seiner Heimat

Es gibt immer wieder Situationen, in denen man nicht ankommt. Man wird, trotz eigenem Bemühen, in irgendeine Schublade gesteckt. Auch Jesus erlebt solch eine Situation zu Hause in Nazaret. Vielleicht wird er dort nur als ältester Sohn des Zimmermanns Josef wahrgenommen?

Von dort brach Jesus auf und kam in seine Heimatstadt; seine Jünger begleiteten ihn. Am Sabbat lehrte er in der Synagoge. Und die vielen Menschen, die ihm zuhörten, staunten und sagten: Woher hat er das alles? Was ist das für eine Weisheit, die ihm gegeben ist! Und was sind das für Wunder, die durch ihn geschehen! Ist das nicht der Zimmermann, der Sohn der Maria und der Bruder von Jakobus, Joses, Judas und Simon? Leben nicht seine Schwestern hier unter uns? Und sie nahmen Anstoß an ihm und lehnten ihn ab. Da sagte

Jesus zu ihnen: Nirgends hat ein Prophet so wenig Ansehen wie in seiner Heimat, bei seinen Verwandten und in seiner Familie. Und er konnte dort kein Wunder tun; nur einigen Kranken legte er die Hände auf und heilte sie. Und er wunderte sich über ihren Unglauben. (Mk 6,1–6a)

Nun sitze ich hier, mitten in der Natur.
Doch da ist nichts, absolut nichts, nichts
außer Bäumen und Büschen.
Ich sehe nur eine schlichte Wiese, auf der sich
der Löwenzahn tummelt.
Nichts aus meinem Leben kann ich hier finden:
keine Maschinen, keine Trauer, kein Leid,
keine Not.
Nichts ist hier zu finden.
Ein idealer Zufluchtsort.
Hier tut mir niemand etwas, hier schalte ich ab.
Ich vergesse, wo ich herkomme.
Für ein paar Minuten beginne ich ein neues Leben.

Matthias

Sich selbst besuchen – und den anderen

Willst du einen bestimmten Ort aufsuchen und du kommst dort an, so wird deine Ankunft keine Reaktion hervorrufen.
Anders beim Besuch, beim Zusammentreffen zweier Menschen. Die Person, die ankommen will, und die, die empfängt, treten in Verbindung zueinander, sie schaffen Beziehung.
Wie das Zusammentreffen dann ausfällt, das hängt von beiden Seiten ab.

Nimm dir für die folgenden Überlegungen etwas Zeit.

● Ich komme bei mir an: Wie komme ich bei mir an?
Komme ich mir freundlich entgegen?
Oder bin ich zu ungeduldig?
Erwarte ich mich mit Gelassenheit, mit all meinen kleinen und größeren Macken?

● Ich komme bei den anderen an: Wie kommen diese bei mir an?
Bringe ich ihnen Offenheit und Neugierde entgegen?
Oder stehen meine Schubladen schon bereit, um sie darin einzuteilen?
Lasse ich sie an meinen Gedanken und Gefühlen teilhaben?

● Ich komme bei Gott an. – Wie kommt er bei mir an?
Lasse ich ihn „einen guten Mann" sein, einen netten Nachbarn, der mich nicht stört?
Oder treiben mich Fragen über ihn um?
Bin ich offen für seine Gegenwart?

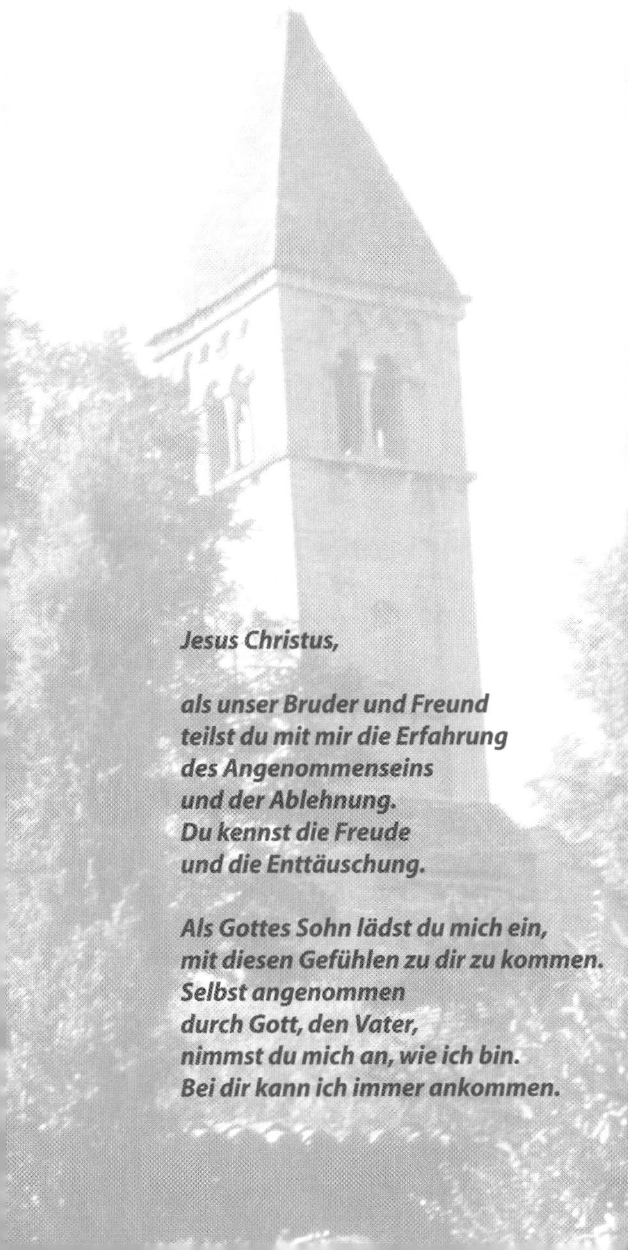

Jesus Christus,

als unser Bruder und Freund
teilst du mit mir die Erfahrung
des Angenommenseins
und der Ablehnung.
Du kennst die Freude
und die Enttäuschung.

Als Gottes Sohn lädst du mich ein,
mit diesen Gefühlen zu dir zu kommen.
Selbst angenommen
durch Gott, den Vater,
nimmst du mich an, wie ich bin.
Bei dir kann ich immer ankommen.

zusammenfügen

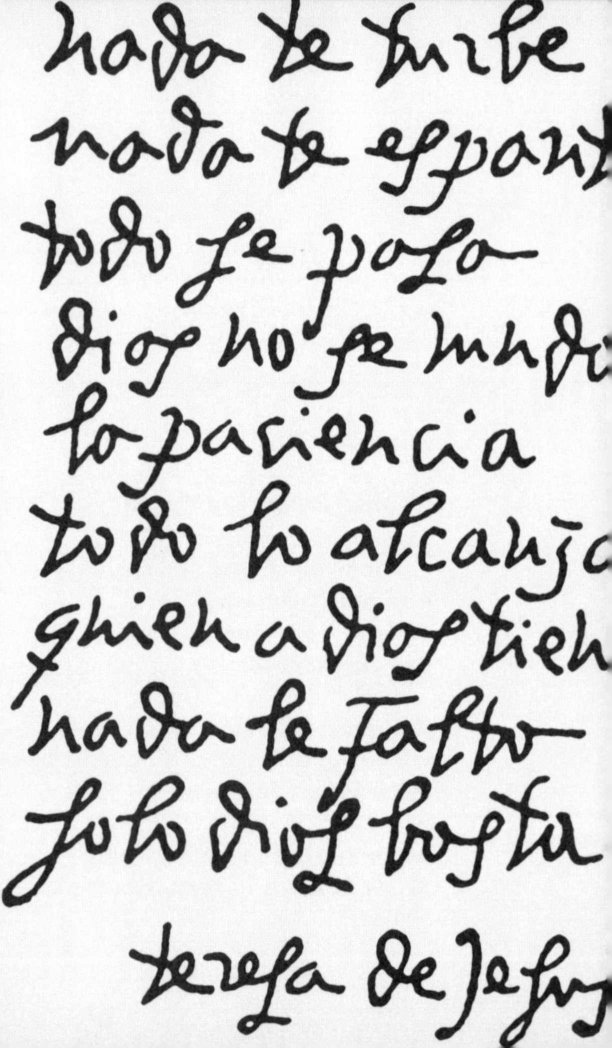
nada te turbe
nada te espant
todo se pasa
dios no se mud
la paciencia
todo lo alcanz
quien a dios tien
nada le falta
solo dios basta

teresa de jesus

Gott wird helfen – und was ich nicht vermag, das wird er tun.
(Johann Heinrich Pestalozzi)

Manchmal komme ich mir vor
wie ein Regal,
in dem unzählige Bücher stehen.

Manchmal komme ich mir vor
wie ein Teppich,
der aus buntscheckigen Fetzen zusammengenäht ist.

Manchmal komme ich mir vor
wie ein Glas,
in dem tausend Fliegen umherschwirren.

Manchmal komme ich mir vor
wie ein Brunnen,
in den aus hundert Rohren Wasser plätschert.

Manchmal komme ich mir vor
wie eine Zwiebel,
von der nach dem Schälen nichts mehr übrig ist.

Manchmal spüre ich,
dass jeder etwas anderes von mir will,
dass alle an mir zerren,
dass ich alle Erwartungen erfüllen möchte,
dass ich selbst immer alles zugleich begehre,
dass nichts mehr in mir zusammenpasst
… und dass es mich dann zerreißt.

Die Verleugnung des Petrus

Die Leidensgeschichte erzählt von einer großen Zerreißprobe. Petrus, der Erste der Jünger und treuer Gefolgsmann Jesu, verleugnet in der Stunde der Gefahr seinen Herrn. Das, was ihm seit seiner Berufung wichtig geworden ist, wirft er nun über Bord … und spürt selbst, wie damit sein ganzes Leben zu zerbrechen droht.

Petrus aber saß draußen im Hof. Da trat eine Magd zu ihm und sagte: Auch du warst mit diesem Jesus aus Galiläa zusammen. Doch er leugnete es vor allen Leuten und sagte: Ich weiß nicht, wovon du redest. Und als er zum Tor hinausgehen wollte, sah ihn eine andere Magd und sagte zu denen, die dort standen: Der war mit Jesus aus Nazaret zusammen. Wieder leugnete er und schwor: Ich kenne den Menschen nicht. Kurz darauf kamen die Leute, die dort standen zu Petrus und sagten: Wirklich, auch du gehörst zu ihnen, deine Mundart verrät dich. Da fing er an, sich zu verfluchen, und schwor: Ich kenne den Menschen nicht. Gleich darauf krähte ein Hahn und Petrus erinnerte sich an das, was Jesus gesagt hatte: Ehe der Hahn kräht, wirst du mich dreimal verleugnen. Und er ging hinaus und weinte bitterlich. (Mt 26,69–75)

Wo war ich nicht schon – alles – mit Gedanken?
Ich kann mich kaum an einzelne Ausschnitte erinnern.
Schall und Rauch treibt der Wind davon,
meine Hosen flattern,
und ich hab Mühe mich gerade zu halten.
Wie ich mich gegen den Wind stemme
und normalerweise längst umfallen müsste,
gibt mir zu denken:

Wann hab ich genug vom Leben? Wieso bin ich mir nicht selbst genug? Weshalb kann ich nie genug verstanden werden und nie genügend das zum Ausdruck bringen, was wirklich Sinn macht? Warum hab ich niemals genügend Spielraum? Wann hab ich genug vom Leben? Genug im Leben? Genug am Leben? Genug, genug, …, genug gefragt – worauf es ankommt?

Simon

Nichts soll dich verwirren

Das Lied „Nada te turbe" gehört zu den bekanntesten Gesängen von Taizé. Sein Text stammt aus einem Gedicht der spanischen Mystikerin Teresa von Avila (1515–1582). Es beschreibt in wenigen, aber kraftvollen Worten den Weg von der inneren Zerrissenheit zum Frieden in Gott. Im Taizégesang ist das Gedicht nicht vollständig. Du bist eingeladen, das Lied zu singen und dazu den Text in seiner ganzen Länge zu meditieren. Übersetze den Text in deine konkrete Lebenssituation und atme die Ruhe des Gesanges ein.

Nichts soll dich verwirren,
nichts soll dich erschrecken,
alles geht vorbei.

Gott bleibt stets derselbe.
Wer geduldig wartet,
dem fällt alles zu.

Wer Gott hat,
dem fehlt nichts.
Gott allein genügt.

Ich lass mich nicht
durcheinander bringen
durch die vielen Stimmen,
die alle Wahrheit beanspruchen,
durch die bunten Bilder der Reklame,
die mir Glück verheißen,
durch den unablässigen Druck des
„schneller, höher, weiter".

Dir, Gott, vertraue ich.
Du schenkst mir Gelassenheit,
hast ein offenes Ohr für meine Not
und stehst immer zu mir.

Dir überlasse ich
die Zerstreuungen meines Alltags,
die Risse, die durch mein Selbst gehen,
die Bruchstücke meines Lebens.

Dir, Gott, gebe ich mich hin
und ich weiß:
Du wirst mich heilen.

einfach leben

**Wer das Morgen ganz in die Hand Gottes legt
und heute ganz empfängt,
was er zum Leben braucht,
der allein ist wahrhaft gesichert.
(Dietrich Bonhoeffer)**

Schlange stehen für einen deftigen Eintopf, für gutes Brot und Wasser
– und jeder Löffel davon schmeckt,

auf einer Pritsche schlafen mit vielen anderen im Zelt
– und erholt aufwachen,

einen schlichten, schnörkellosen Kirchenraum betreten
– und zur Ruhe kommen, intensiv beten,

in Taizé sein
– und einfach leben.

Ja, einfach leben, mit bescheidenen Mitteln, ohne großen Aufwand
– und zufrieden sein.
Und auch einfach leben im Hier und Jetzt.
Den Augenblick leben, ohne an Gestern zu denken und besorgt in die Zukunft zu schauen.

Das, was heute ansteht, leben.

Das Beispiel von der falschen Selbstsicherheit des reichen Mannes

Um seine Botschaft möglichst anschaulich zu erklären, erzählt Jesus Gleichnisse und Beispiele, die aus der Lebenswirklichkeit der damaligen Menschen stammen. Wir bauen zumeist keine Scheunen mehr zur Vorratshaltung, dennoch hat die Botschaft des Maßhaltens und des Lebens vor Gott ihre Gültigkeit nicht verloren.

Einer aus der Volksmenge bat Jesus: Meister, sag meinem Bruder, er soll das Erbe mit mir teilen. Er erwiderte ihm: Mensch, wer hat mich zum Richter oder Schlichter bei euch gemacht? Dann sagte er zu den Leuten: Gebt Acht, hütet euch vor jeder Art von Habgier. Denn der Sinn des Lebens besteht nicht darin, dass ein Mensch aufgrund seines großen Vermögens im Überfluss lebt. Und er erzählte ihnen folgendes Beispiel: Auf den Feldern eines reichen

Mannes stand eine gute Ernte. Da überlegte er hin und her: Was soll ich tun? Ich weiß nicht, wo ich meine Ernte unterbringen soll. Schließlich sagte er: So will ich es machen: Ich werde meine Scheunen abreißen und größere bauen; dort werde ich mein ganzes Getreide und meine Vorräte unterbringen. Dann kann ich zu mir selber sagen: Nun hast du einen großen Vorrat, der für viele Jahre reicht. Ruh dich aus, iss und trink und freu dich des Lebens! Da sprach Gott zu ihm: Du Narr! Noch in dieser Nacht wird man dein Leben von dir zurückfordern. Wem wird dann all das gehören, was du angehäuft hast? So geht es jedem, der nur für sich selbst Schätze sammelt, aber vor Gott nicht reich ist. (Lk 12,13–21)

Lass uns Kind sein, den Alltag vergessen.
Lass und träumen und wünschen.
Lass uns spielen und lachen.
Lass uns einfach nur sein.
Lass uns deine Kinder sein.

Mirjam

Die Scheune räumen

Was hindert den reichen Mann eigentlich daran, sich jetzt schon auszuruhen, zu essen und zu trinken und es sich gut gehen zu lassen … einfach zu leben?

Die Sorge um seine Ernte, seine Schätze, die er versucht anzuhäufen und zu bewahren.

Was hindert dich daran, einfach zu leben?
Welche Ernte willst du bewahren, welche Schätze anhäufen?

- unzählige Klamotten im Schrank, die übermorgen schon wieder out sind – und die eine Menge Geld kosten?
- zig Parties und Feten – ohne die du im Leben etwas verpassen könntest?
- gute Noten in Mathe oder Sport – ohne dass andere von deinen Fähigkeiten profitieren?
- CDs, Videos, Computerspiele, Fernsehen stundenlang – und du damit wertvolle Zeit für deine Freunde verlierst?

Mache doch den heutigen Tag zu einem Entrümpelungstag.
Denke dabei an deinen Lebensbereich und auch an das, was dich innerlich bewegt!
Das kann z. B. bedeuten:

- Ich trenne mich von einem Kleidungsstück, das schon ewig ungetragen in meinem Schrank hängt.

- Ich gebe Bücher, die ich schon gelesen habe, weiter und leihe vermehrt in der Bücherei aus, statt sie zu kaufen.
- Ich trauere vergangenen Möglichkeiten nicht mehr hinterher und versuche den Augenblick jetzt zu leben.
- Ich schalte das Radio ab und versuche einen Gedanken an Gott zu fassen.

Guter Gott,

es ist gar nicht so einfach,
einfach zu leben.
Mein Herz hängt an so vielen schönen
und nützlichen Dingen.
Außerdem mache ich mir Sorgen,
was mein Leben bringen wird.

Hilf mir,
dass weder schöne Sachen
noch Zukunftsängste
mein Leben einschränken.
Dass ich mich auch von unnützen Dingen
und unnötigen Gedanken trennen kann,
damit der Blick aufs Wesentliche,
auf dich, frei bleibt.

frei sein

Liebe –
und tue was du willst.
(Augustinus)

Ich sitze unter freiem Himmel und lasse meinen Gedanken freien Lauf.

Wie schön wäre das manchmal,
ganz frei, ohne Grenzen und ohne Zwänge,
nur das zu tun, was ich will.
Ganz egoistisch und ohne Rücksicht nur an mich denken!
Und wie lange würde ich das aushalten?

Eine grenzenlose Freiheit macht mir Angst.

Interessant, die Grenze, die Augustinus setzt:
„Liebe – und tue was du willst."
Liebe lässt sich nicht erzwingen.
Ich kann mich für sie nur in Freiheit entscheiden.
Ist die Liebe Maßstab meines Handelns,
so hört meine Freiheit da auf,
wo ich mein Gegenüber eingrenze, einschränke,
schädige.
Und was wäre, wenn alle danach handeln würden?

Eine Freiheit in Liebe lässt Vertrauen wachsen und stiftet Frieden.

Die ersten Jünger

Jesus gewinnt die ersten Jünger nicht durch Versprechungen, moralische Appelle oder Strafpredigten. Er spricht eine Einladung aus und lässt den Jüngern ihre freie Entscheidung. Sie sollen sich selbst überzeugen: „Kommt und seht!"

Am Tag darauf stand Johannes wieder dort und zwei seiner Jünger standen bei ihm. Als Jesus vorüberging, richtete Johannes seinen Blick auf ihn und sagte: Seht, das Lamm Gottes! Die beiden Jünger hörten, was er sagte, und folgten Jesus. Jesus aber wandte sich um, und als er sah, dass sie ihm folgten, fragte er sie: Was wollt ihr? Sie sagten zu ihm: Rabbi – das heißt übersetzt: Meister –, wo wohnst du? Er antwortete: Kommt und seht! Da gingen sie mit und sahen, wo er wohnte, und blieben jenen Tag bei ihm; es war um die zehnte Stunde. Andreas, der Bruder des Simon Petrus, war einer der beiden, die das Wort des Johannes gehört hatten und Jesus gefolgt waren. Dieser traf zuerst seinen Bruder Simon und sagte zu ihm: Wir haben den Messias gefunden. Messias heißt übersetzt: der Gesalbte (Christus). Er führte ihn zu Jesus. Jesus blickte ihn an und sagte: Du bist Simon, der Sohn des Johannes, du sollst Kephas heißen. Kephas bedeutet: Fels (Petrus). Am Tag darauf wollte Jesus nach Galiläa aufbrechen; da traf er Philippus. Und Jesus sagte zu ihm: Folge mir nach! Philippus war aus Betsaida, dem Heimatort des Andreas und Petrus. Philippus traf Natanaël und sagte zu ihm: Wir haben den gefunden, über den Mose im Gesetz und auch die Propheten geschrieben haben: Jesus aus Nazaret, den Sohn Josefs. Da sagte Natanaël zu ihm: Aus Nazaret? Kann von dort etwas Gutes kommen? Philippus antwortete: Komm und sieh! (Joh 1,35–46)

Die Luft ist wie ein stilles Gebet.
Sie schreibt den Text in den Horizont
und zeigt uns den Weg in die Welt.
Sie ist ohne Grenzen
und bringt Dinge in unser Land,
die wir nicht gewohnt sind.

Michael

Die Freiheit wählen

Manchmal helfen Wortspielereien, um mehr über das Wesen einer Sache oder über ein Thema zu erfahren:
Freizeit, Freibier, Freiland …
freimütig, freilich, unfrei …
Qual der Wahl, Druck, Zwang …

Was fällt dir noch dazu ein?

Zwei Begriffe verdienen eine besondere Beachtung.
Sie hängen eng zusammen, bedingen sich geradezu:
„sich frei machen von" und „frei sein für"
… wenn ich mich von etwas frei machen, befreien kann, dann bin ich frei und offen für das Andere, das Neue.

- sich frei machen von Vorurteilen, um frei zu sein für die Begegnung mit dem Andersdenkenden.
- sich frei machen von unnötigen Verpflichtungen, um frei zu sein für sich selbst.
- sich frei machen von übernommenen Verhaltensmustern, um frei zu sein für neue Fähigkeiten.
- sich frei machen von festgelegten Gottesbildern, um frei zu sein für die eigene Gottesbegegnung.

Wovon willst du dich befreien?
Und wozu?

Allmächtiger Gott,

Du hast alle Macht der Welt
und nützt sie nicht aus.
Du könntest alle Menschen
auf deiner Seite haben
und willst es nicht.

Du bist ein Gott, der Freiheit schenkt.

Ich bin eine freie Frau, ein freier Mann
und kann mich entscheiden.
Ich kann dafür sein oder dagegen.
Ich kann kommen und sehen
oder wegbleiben.
Ich kann an dich glauben
oder nicht.

Du bist ein Gott, dem ich nicht gleich-
gültig bin.
Du möchtest die Antwort meiner Liebe.
Freiwillig.

Dich will ich loben.

umkehren

Um an die Quelle zu kommen,
muss man gegen den Strom schwimmen.
(Sprichwort)

Immer so weitermachen,
mit dem täglich wiederkehrenden Chaos meines Lebens.
Kann ich das?
Immer wieder die Stunde der Entscheidung übergehen,
wie der Zeiger an der Zwölf vorbeizieht.
Will ich das?
Mir keinen Moment zum Innehalten gönnen,
um mit mir ins Reine zu kommen.
Darf ich das?

Sieben vor Zwölf halte ich an,
entziehe mich dem Zwang
des unablässigen Weitertickens,
entsteige dem Trott der Banalität,
durchstoße die Oberflächlichkeit meines Alltags,
falle aus dem Rahmen

und sehe plötzlich eine Welt durchscheinen,
in der die Uhr umgekehrt läuft,
in der manches unwichtig, gar nichtig,
und anderes unendlich wichtig wird

für mich.

Kehrt um
und glaubt an das Evangelium

Im Ruf Jesu, mit dem das Markus-Evangelium das öffentliche Wirken Jesu eröffnet, zeigt sich, was Umkehr bedeutet. Das Reich Gottes wird nicht für eine ferne Zukunft versprochen, sondern ist zum Greifen nahe. Hier und jetzt entscheidet sich das Leben der Menschen. Wer umkehrt, gibt seine bisherige Lebenseinstellung auf und stellt sich stattdessen der Botschaft Jesu.

Nachdem man Johannes ins Gefängnis geworfen hatte, ging Jesus wieder nach Galiläa; er verkündete das Evangelium Gottes und sprach: Die Zeit ist erfüllt, das Reich Gottes ist nahe. Kehrt um und glaubt an das Evangelium! Als Jesus am See von Galiläa entlangging, sah er Simon und Andreas, den Bruder des Simon, die auf dem See ihr Netz auswarfen; sie waren nämlich Fischer. Da sagte er zu ihnen: Kommt her, folgt mir nach! Ich werde euch zu

Menschenfischern machen. Sogleich ließen sie ihre Netze liegen und folgten ihm. Als er ein Stück weiterging, sah er Jakobus, den Sohn des Zebedäus, und seinen Bruder Johannes; sie waren im Boot und richteten ihre Netze her. Sofort rief er sie und sie ließen ihren Vater Zebedäus mit seinen Tagelöhnern im Boot zurück und folgten Jesus nach. (Mk 1,14–20)

Ich glaube an mich.
Ich glaube an alles, was Spaß macht.
Ich glaube, dass das Leben Sinn hat.
Ich glaube, dass Gott an mich glaubt.
Ich hoffe, dass ich glaube an …
Ich glaube, dass Jesu Beispiel mir im Alltag hilft.
Ich glaube an den Wandel im Menschen.
Glaube kann verändern.

Anna

Nicht im Kreis, sondern achtsam will ich leben

Nicht im O, sondern 8-sam will ich leben! Manchmal lebe ich nur im Kreis. Die gleichen Dinge kehren immer wieder.
Ich komme nicht von der Stelle, drehe mich im Leerlauf wie ein Hamster im Laufrad.

Vergegenwärtige dir: Wo lebst du selbst im Kreis?

Nicht im O, sondern 8-sam will ich leben!
Achtsam leben meint, andere Menschen und meine Umgebung achten,
ihnen Achtung schenken,
auf das Unscheinbare Acht geben.

Entwickle dein persönliches Lernprogramm für erhöhte Achtsamkeit.

Nicht im O, sondern 8-sam will ich leben!
Der Kreis hat zwar eine Mitte, doch muss diese konstruiert und vorgestellt werden. Die Acht besitzt eine echte Mitte. Ihr Zentrum symbolisiert meine Selbstachtung.

Denke darüber nach, was dich in deinem Innersten bewegt.

Nicht im O, sondern 8-sam will ich leben!
Die Linien der Acht überkreuzen sich.
Menschen, die die Acht auslaufen,
begegnen sich von Angesicht zu Angesicht.
Im Kreis sieht man sich nur von hinten.

Betrachte schöne und schmerzliche Kreuzungspunkte deines Lebens.

Nicht im O, sondern 8-sam will ich leben! In der Acht ändern wir immer wieder unsere Richtung, im Kreis nicht.
Der achtsame Mensch ist ein Mensch der Umkehr, einer, der seine Mitte aufsucht.

Lies eine Umkehrgeschichte der Bibel (z. B. Lk 19,1–10).
Was könnte sie mit dir zu tun haben?

Christus,

ich lebe im Kreis,
ich denke im Kreis,
ich sterbe im Kreis
den alltäglichen Tod.

Dein Geist kann meinen Kreislauf stoppen,
deine Kraft meine Gedanken brechen,
dein Wort mich zur Umkehr bewegen,
deine Hand mich zur Mitte führen,
wo ich dich sanft umarme
und du mich umfängst
mit deiner Liebe.

schweigen

Nur in der Stille kann die Wahrheit
Früchte ansetzen und Wurzeln schlagen.
(Antoine de Saint-Exupéry)

Ich möchte schweigen
und die Musik lärmt in mir.
Ich möchte schweigen
und bunte Bilder stürzen auf mich ein.
Ich möchte schweigen
und mich durchfluten tosende Wasser.

Ich möchte still werden
und lasse die vielen Gedanken durch ein grobmaschiges
Netz wegschwimmen.
Ich möchte still werden
und lasse meine Vorstellungen in gleißendem Licht
untergehen.
Ich möchte still werden
und lasse die störenden Melodien vom Klang der Stille
übertönen.

Ich möchte ganz Ohr sein.
Ich möchte in meinem Kopf eine Dachluke öffnen.
Ich möchte auf einer Leiter heraus- und über mich
selbst hinaussteigen.

Ich möchte die Welt lassen,
den andern lassen,
mich lassen,
lassen.

Nur noch Gott sprechen lassen.

Das Begräbnis Jesu

Die irdische Geschichte Jesu endet im Schweigen. Nach seinem Todesschrei wird er ins stumme Grab gelegt. Alles scheint aus zu sein. Die Jünger, die ihm drei Jahre gefolgt waren, gehen wieder ihrer gewohnten Arbeit nach. Die Botschaft ist verstummt. Es braucht die Grabesruhe für das Ereignis der Auferweckung. Am Ende wird aber nicht das Schweigen, sondern Gott das letzte Wort behalten.

Damals gehörte zu den Mitgliedern des Hohen Rates ein Mann namens Josef, der aus der jüdischen Stadt Arimathäa stammte. Er wartete auf das Reich Gottes und hatte dem, was die anderen beschlossen und taten, nicht zugestimmt, weil er gut und gerecht war. Er ging zu Pilatus und bat um den Leichnam Jesu. Und er nahm ihn vom Kreuz, hüllte ihn in ein Leinentuch und legte ihn in ein Felsengrab, in dem noch niemand bestattet worden war.

Das war am Rüsttag, kurz bevor der Sabbat anbrach. Die Frauen, die mit Jesus aus Galiläa gekommen waren, gaben ihm das Geleit und sahen zu, wie der Leichnam in das Grab gelegt wurde. Dann kehrten sie heim und bereiteten wohlriechende Öle und Salben zu. Am Sabbat aber hielten sie die vom Gesetz vorgeschriebene Ruhe ein. (Lk 23,50–56)

Jesus ist leise,
leis und doch so wirkungsvoll.
Wären wir liebend wie er,
wie intelligent wären die Menschen.

Lasst euch lieben, Menschen,
so wie Jesus.

Tobias

Ruhig werden im Bild des Brunnens

Im Bild zweier verschiedener Brunnen hat Teresa von Avila gezeigt, wie der Beter zu einem friedvollen und freudigen Schweigen, zum Gebet der Ruhe gelangen kann. In ihrem Buch „Die Seelenburg" erzählt sie davon.
In den ersten Brunnen plätschert das Wasser aus unzähligen Röhren und Leitungen. Die Oberfläche ist unruhig bewegt. Dieser Brunnen symbolisiert das angestrengte Nachdenken über Gott, die Welt und das eigene Leben.
Der zweite Brunnen steht direkt über einer Quelle. Er füllt sich geräuschlos und unmerklich aus der Tiefe. Die Quelle meint Gott selbst, der im Menschen emporsteigt und ihn sanft mit Ruhe, Friede und Freude tränkt.

Bete im Bild dieser beiden Brunnen. Folge dabei fünf Schritten:

- Rufe in deiner inneren Vorstellung die Bilder der Brunnen wach. Ordne im ersten Bild den Röhren die Erwartungen und Zwänge des Alltags (in Schule, Beruf oder Clique) sowie deine verstreuten Gedanken über Gott und die Welt (aus Fernsehnachrichten oder Internet) zu.
- Lass Röhre um Röhre das Wasser versiegen. Die Oberfläche wird immer ruhiger.
- Lass im zweiten Bild innerlich die Wasser der Ruhe und Erfüllung in dir emporsteigen. Genieße die Fülle und Ruhe.

- Formuliere ein Gebet. Der erste Teil handelt von der Hektik deines Alltags und der Unruhe deiner Gedanken. Beginnen kannst du so: „Gott, vieles strömt auf mich ein …"
- Reaktiviere das Bild des Quelltopfs. Rede von der Sehnsucht eines anderen Lebens, allein in und aus Gott zu leben. Leite den zweiten Teil deines Gebets etwa so ein: „Aber in dir, aus dir …"

Jesus Christus,

du bist das Wort,
das der Vater in die Welt spricht,
um unsere Herzen zu durchdringen.

Es erzählt von Liebe und Freiheit,
nicht von Gesetz und Gericht.
Es lärmt und dröhnt nicht.
Es drängt sich nicht auf.
Es ergreift nicht Besitz von uns,
ohne unsere Zustimmung.
Es rechnet mit unserer Freiheit.
Es will unsere stille Liebe.

O Jesu,
du bist meine Freiheit,
meine Liebe,
mein Leben,
meine Ruhe.

beten

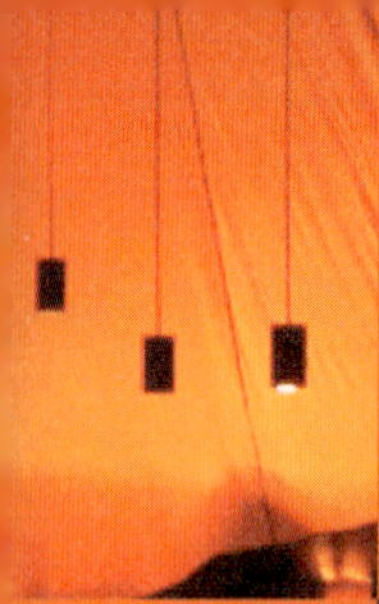

Das Gebet,
das ein Mensch mit aller seiner Macht leistet,
hat eine große Kraft.
(Mechthild von Magdeburg)

Warmes Kerzenlicht,
schlichter Gesang,
wohltuende Harmonie,
beruhigende Wiederholung,
einfache und starke Worte,
zärtliche Zeremonie,
leise Liturgie.

Sie berührt mich,
schafft weiten Raum in mir,
wärmt mich,
bereitet mir einen leuchtenden Festsaal,
erfreut mein müdes Gesicht
und stellt mich vor den,
den ich in meinem alltäglichen Beten
nie zu erreichen glaube.

Das Gebet weht mir göttliche Gedanken zu,
bringt meine inneren Saiten zum Schwingen,
füllt mein Ohr mit gewaltigem Klang,
läuft sanft über meinen Rücken
und treibt mir Tränen in die Augen.

So war es in den Tagen von Taizé
in der Kraft der herrlichen Lieder –
und wieder zu Hause
dreht mein Beten im Leerlauf,
ist kühl und trocken,
hölzern und leer.

Leider.

Jesus betet an einem einsamen Ort

Jesus unterbricht immer wieder seine Heiltätigkeit, um sich Zeit zum Beten zu nehmen. Er bleibt mit seinem Vater in Kontakt. Sein Leben ist geprägt von dem selbstlosen Einsatz für die Leidenden und getragen von einer lebendigen Beziehung zu Gott.

Am Abend, als die Sonne untergegangen war, brachte man alle Kranken und Besessenen zu Jesus. Die ganze Stadt war vor der Haustür versammelt, und er heilte viele, die an allen möglichen Krankheiten litten, und trieb viele Dämonen aus. Und er verbot den Dämonen zu reden; denn sie wussten, wer er war. In aller Frühe, als es noch dunkel war, stand er auf und ging an einen einsamen Ort, um zu beten. Simon und seine Begleiter eilten ihm nach, und als sie ihn fanden, sagten sie zu ihm: Alle suchen dich. Er antwortete: Lasst uns anderswohin gehen, in die benach-

barten Dörfer, damit ich auch dort predige; denn dazu bin ich gekommen. Und er zog durch ganz Galiläa, predigte in den Synagogen und trieb die Dämonen aus. (Mk 1,32–39)

Beten, warum immer wieder beten?
Hilft das? Hat das einen Zweck?
Gibt es dennoch Kriege oder nicht?
Haben alle genug zu essen?

Aber gibt das Beten nicht etwas Hoffnung?
Erzählt man sich heute nicht auch noch Wunder?
Also ich finde beim Beten Gemeinschaft,
Glaube, Hoffnung und meinen Seelenfrieden.

Ist das nicht mehr wert als Krieg?

Andrea

Beten braucht nicht viele Worte

Beten braucht nicht viele Worte. Einfache und kurze Worte – mehrfach wiederholt – können in uns einen Raum schaffen, in dem Gott wirklich ankommt. Diese Form des Gebets hat eine lange Tradition. Der christliche Rosenkranz etwa wiederholt 53-mal das „Gegrüßet seist du, Maria“. Der islamische Rosenkranz (Subha) hat 99 Perlen, zu denen immer ein und derselbe Gottesname genannt wird, den man vorher aus 99 Anrufungen ausgewählt hat.

Versuche es doch einmal mit einem kurzen Wort, das du ein paarmal wiederholst. Bete einfach dort, wo es für dich stimmt: in einer Notsituation, beim Warten an der Haltestelle oder bei einem Kurzbesuch in einer Kapelle.

Drei Möglichkeiten für diese Form des Betens sind besonders empfehlenswert:

Das kurze Stoßgebet

Das Stoßgebet ist eine kurze und prägnante Bitte, die meist in einer Notsituation an Gott gerichtet wird. Im Neuen Testament finden wir eine Reihe solcher Gebete. So geht Petrus dem Herrn auf dem Wasser entgegen und ruft, als er unterzugehen droht: „Herr, rette mich!" (Mt 14,30). Formuliere in einer für dich schwierigen Situation ein kurzes Stoßgebet und wiederhole es ein paarmal. Es wird sich die Zuversicht ausbreiten, dass Gott hilft, wenn auch nicht unbedingt auf dem Weg, den du vermutest.

Die Anrufung Gottes

Noch einfacher wird die Anrufung Gottes gestaltet. Du nennst mehrmals hintereinander einen Namen, eine Eigenschaft oder eine Handlung Gottes: „Du Verborgener", „Du Freundlicher", „Du, der erhört", „Du Friede". Versuche tiefer in diese Anrufungen einzutauchen. Lass deine eigenen Vorstellungen allmählich los und Gott selbst zu Wort kommen. Die Kraft dazu liegt in der ständigen Wiederholung.

Der Gebetssatz im Geist von Taizé

Die Gesänge von Taizé bestehen häufig aus einfachen Sätzen, in denen Christus gelobt und gepriesen wird. Hole eines dieses Lieder in deinen Alltag herein. Vergewissere dich des Textes und greife ihn im Wortlaut, gekürzt oder leicht verändert auf. Die Melodie des Liedes wird in dir lebendig und damit deine Erfahrung der Nähe Gottes in den Stunden und Tagen von Taizé.

Wenn ich zu dir rufe, Gott,
endet die Monotonie meines grauen Alltags
und ich höre die bunten Melodien
deiner Gegenwart.

Du holst mich herunter von den Bergen der Arbeit
und aus dem Tal der Tränen
an den Bach der Eingebung,
wo ich liegend
der Symphonie deiner Schöpfung lausche.

Dein heiliger Geist
schreibt Worte an den Horizont
und bringt unglaubliche Gedanken
in mein Lebensland.

Dein Sohn bewegt mich durch sein Wort,
umfängt mich mit seinem Licht
und erfüllt mein Leben.

leuchten

**Menschen sind wie Kirchenfenster.
Wenn die Sonne scheint, strahlen sie in allen Farben, aber wenn die Nacht kommt, kann nur ein Licht im Innern sie voll zur Geltung bringen.
(Elisabeth Kübler-Ross)**

Das sanfte und warme Lichtermeer beruhigt mich.
Die Kirche ist nur mit Kerzen beleuchtet.
Schon bevor das Gebet beginnt, bin ich ganz bei mir, in mir.
Das gelb-rote Spiel der Flammen ist bereits lautloses Beten.
Die lodernden Zungen hüpfen fröhlich umher,
während alle voller Inbrunst singen:
„Meine Hoffnung und meine Stärke,
meine Freude, mein Licht."

Ich denke an die Lagerfeuer meiner Kindheit,
an denen wir zur Gitarre bewegte Lieder schmetterten.
Ich denke zurück an den heutigen Sommertag,
an dem ich mit geschlossenen Augen döste und träumte
und die helle Sonne ihr grelles Gelb
orange gedämpft auf meine Lider zauberte.
Im gleichen Orange ging sie dann am Horizont unter.

Sie scheint weiter an anderen Orten der Welt
und auch hier in der Kirche,
hundertfach vereinzelt in Docht und Wachs,
in einem mächtigen Farbton,
der selbst bei Dunkelheit seine Wirkung nicht verliert.

Müde nehme ich den festlichen Schimmer
mit hinaus in die kühle Nacht,
wo froher Gesang meinen Lebensgeist
von neuem entfacht.

Jesus nennt sich selbst das Licht der Welt

Die „Ich bin"-Worte Jesu prägen das Johannesevangelium. Jesus bezeichnet sich als guter Hirte, Tür, Brot des Lebens oder Weg, Wahrheit und Leben. Der Ausdruck „Ich bin" erinnert an den Gottesnamen, der Mose im brennenden Dornbusch offenbart wird: „Ich bin der ‚Ich-bin-da.'" (Ex 3,14). Dass Jesus damit den Namen des Gottes Israels auf sich anwendet, fordert die Pharisäer zum Streit heraus.

Als Jesus ein andermal zu ihnen redete, sagte er: Ich bin das Licht der Welt. Wer mir nachfolgt, wird nicht in Finsternis umhergehen, sondern wird das Licht des Lebens haben. Da sagten die Pharisäer zu ihm: Du legst über dich selbst Zeugnis ab; dein Zeugnis ist nicht gültig. Jesus erwiderte ihnen: Auch wenn ich über mich selbst Zeugnis ablege, ist mein Zeugnis gültig. Denn ich weiß, woher ich gekommen bin und wohin

ich gehe. Ihr aber wisst nicht, woher ich komme und wohin ich gehe. Ihr urteilt, wie Menschen urteilen; ich urteile über keinen. Wenn ich aber urteile, ist mein Urteil gültig; denn ich urteile nicht allein, sondern ich und der Vater, der mich gesandt hat. Auch in eurem Gesetz heißt es: Erst das Zeugnis von zwei Menschen ist gültig. Ich bin es, der über mich Zeugnis ablegt, und auch der Vater, der mich gesandt hat, legt über mich Zeugnis ab. Da fragten sie ihn: Wo ist dein Vater? Jesus antwortete: Ihr kennt weder mich noch meinen Vater; würdet ihr mich kennen, dann würdet ihr auch meinen Vater kennen. Diese Worte sagte er, als er im Tempel in der Schatzkammer lehrte. Aber niemand nahm ihn fest; denn seine Stunde war noch nicht gekommen.
(Joh 8,12–20)

Wenn eine Kerze brennt, fühle ich mich geborgen.
Die Helligkeit nimmt mir die Angst
vor der Dunkelheit.
Jeder Mensch hat Ängste.
Eine Kerze gibt Wärme, eine Kerze gibt Schutz.
Ich finde, die Kerze passt gut zu Jesus,
denn die Menschen fühlten sich bei ihm geborgen.

Corinna

Orange –
der Geist von Taizé in Farbe

**Orange – die Signalfarbe der Straßen-arbeiter und Verkehrsdienste.
Der leuchtende Ton garantiert,
dass niemand aus Leichtsinn
übersehen und überfahren wird.**

*Schalte einen Gang zurück,
verringere dein Lebenstempo.
Gib Acht auf das Außergewöhnliche,
das in deinem Leben geschieht.*

Orange – die Farbe von Pfingsten, der feurigen Zungen des Heiligen Geistes, der die Sprachverwirrung überwindet durch Tanz, Bewegung und frohe Gesichter. „Flamma amoris et caritatis“, Flamme der Liebe und Barmherzigkeit.

*Begegne heute deinen Nächsten
mit wachem und würdevollem Blick.
Beschäftige dich mit einer Lebenskultur,
die dir fremd ist.*

Orange – die Gegenfarbe zum Blau,
nicht kühl, klar und ernst.
Hier spricht nicht der Verstand,
hier herrscht nicht das Denken,
hier spricht das Gefühl.

Überlege, ob du mehr vom Kopf
oder mehr vom Herzen her lebst.
Erzähle einem vertrauten Menschen,
was dich momentan
in deinem Herzen bewegt.

Orange – die Farbe „dazwischen".
Die Farbe zwischen glühendem Feuer-
rot und grenzenlosem Lichtgelb,
zwischen Energie und Ewigkeit.

Entscheidungen müssen getroffen werden.
Neben dem „Entweder-oder" lehrt uns die
Farbe Orange das „Sowohl-als-auch".
Bleibe bei deinen Entscheidungen zunächst
offen und prüfe beide Möglichkeiten.

Orange – ein unaufdringliches,
durch das Gelb gebändigtes Rot,
die sanfte Macht der Liebe Gottes,
die uns unwiderstehlich
und doch nicht ohne unsere
freie Zustimmung zu sich zieht.

Spüre die Liebe Gottes in deinem Leben –
spüre wie Gott dich anschaut.
Lobe und preise ihn ganz spontan.

Orange – die Farbe der beliebten
Südfrucht; und so schwer es fällt,
ihren Geschmack zu beschreiben,
so schwerfällig sind die Worte,
die den Geist von Taizé fassen wollen …
eine Farbe hat es da viel leichter.

Gott, jedes Einzelnen von uns,

dich zu schauen,
übersteigt unsere Fassungskraft.
Der Glanz deiner Unendlichkeit
blendet unsere Augen.
Doch in Christus
scheint dein sanftes Licht in unser Herz.
Er öffnet unsere verschlossenen
Fenster und Türen.
Wenn du, Herr, anklopfst,
werden wir uns
unserer dunklen Einsamkeit bewusst.
Wir sehnen uns nach Wärme und Nähe,
die nur du schenken kannst.

sich hingeben

Jeden Morgen soll die Schale unseres Lebens hingehalten werden, um aufzunehmen, zu tragen und zurückzugeben. Leer hingehalten. (Dag Hammarskjöld)

ab-geben,
auf-geben,
weg-geben,
nach-geben,
her-geben,
aus-geben,
weiter-geben,
sich hin-geben

Viele Begriffe lassen sich finden rund um das Wörtchen geben. Mag auch jedes Wort etwas anderes bedeuten, geben hat immer etwas mit Loslassen zu tun.
Wenn ich mich loslassen kann,
meine Wünsche, Erwartungen, Gedanken, Absichten,
so kann ich mich ganz einer Sache, einer Person widmen, mich ihr hingeben.

Etwas mit Hingabe zu tun, bedeutet:
Ich bin mit Haut und Haaren bei dieser Sache,
losgelöst von meinem Willen und Zutun,
und sei es auch nur einen Moment lang.

Seltsamerweise:
Je mehr ich loslassen kann, desto mehr kann ich ganz dabei sein.

Das letzte Abendmahl

Jesus hat sich ganz in die Geschichte mit Gott hineinbegeben, bis zu seinem Tod.
Beim letzten Abendmahl gibt er sich hin und kann so Brot und Wein in seinen Leib und sein Blut wandeln für alle, zur Vergebung der Sünden – wie ein Weizenkorn, das nur dann, wenn es ganz in die Erde hineingegeben wird, sich wandelt und Frucht bringt.

Als es Abend wurde, begab er sich mit den zwölf Jüngern zu Tisch. Und während sie aßen, sprach er: Amen, ich sage euch: Einer von euch wird mich verraten und ausliefern. Da waren sie sehr betroffen und einer nach dem andern fragte ihn: Bin ich es etwa, Herr? Er antwortete: Der, der die Hand mit mir in die Schüssel getaucht hat, wird mich verraten. Der Menschensohn muss zwar seinen Weg gehen, wie die Schrift über ihn sagt. Doch weh dem Menschen, durch den der Menschensohn verraten wird. Für ihn wäre es besser,

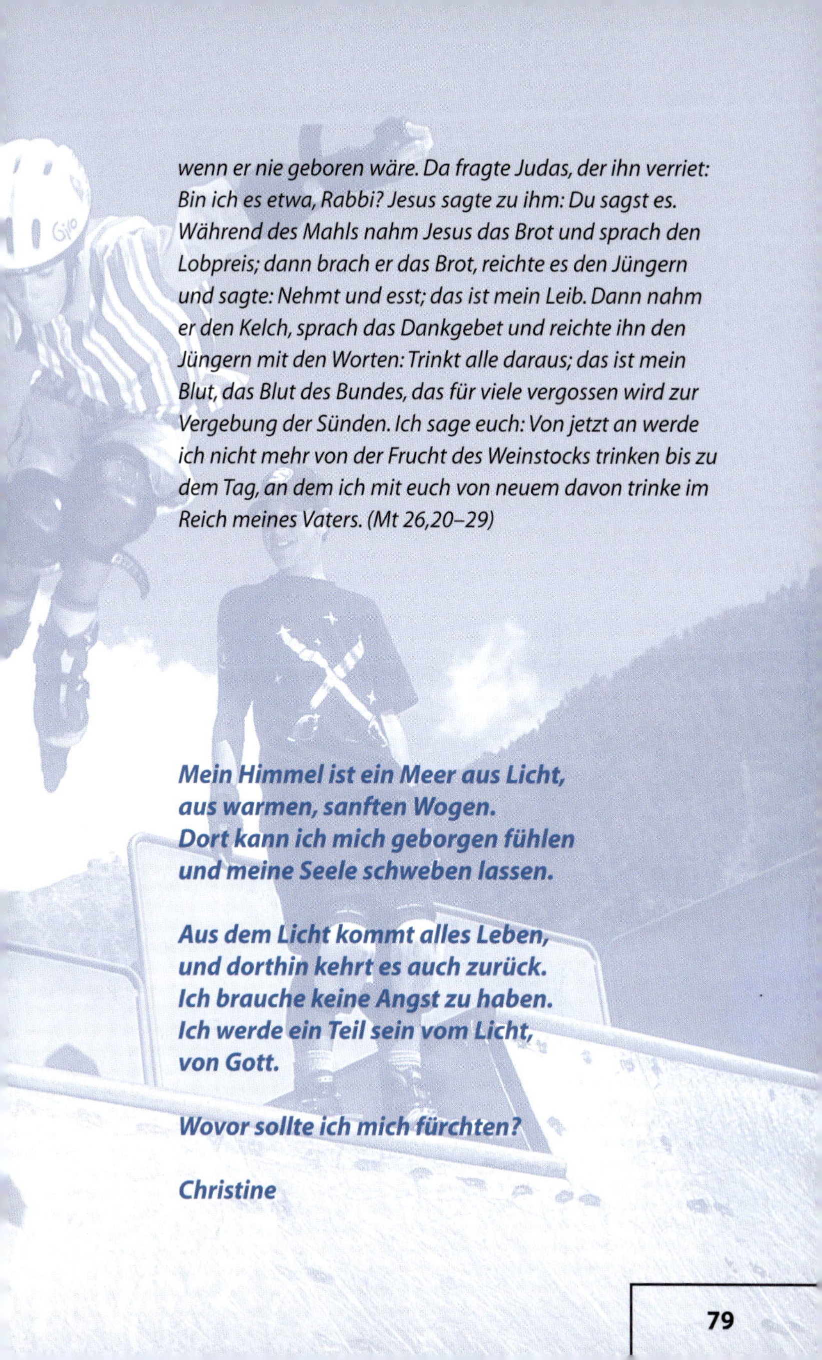

wenn er nie geboren wäre. Da fragte Judas, der ihn verriet: Bin ich es etwa, Rabbi? Jesus sagte zu ihm: Du sagst es. Während des Mahls nahm Jesus das Brot und sprach den Lobpreis; dann brach er das Brot, reichte es den Jüngern und sagte: Nehmt und esst; das ist mein Leib. Dann nahm er den Kelch, sprach das Dankgebet und reichte ihn den Jüngern mit den Worten: Trinkt alle daraus; das ist mein Blut, das Blut des Bundes, das für viele vergossen wird zur Vergebung der Sünden. Ich sage euch: Von jetzt an werde ich nicht mehr von der Frucht des Weinstocks trinken bis zu dem Tag, an dem ich mit euch von neuem davon trinke im Reich meines Vaters. (Mt 26,20–29)

Mein Himmel ist ein Meer aus Licht,
aus warmen, sanften Wogen.
Dort kann ich mich geborgen fühlen
und meine Seele schweben lassen.

Aus dem Licht kommt alles Leben,
und dorthin kehrt es auch zurück.
Ich brauche keine Angst zu haben.
Ich werde ein Teil sein vom Licht,
von Gott.

Wovor sollte ich mich fürchten?

Christine

Loslassen lernen

Sich selbst hingeben und die inneren Widerstände überwinden, das ist nicht einfach und gelingt auch nicht von heute auf morgen. Jesus fordert uns jedoch nicht nur dazu auf, sondern er verwandelt selbst jeden Tag unser Nein in sein Ja.

Es geht dabei um ein ständiges Einüben dieser Lebenshaltung.

Dazu zwei Anregungen:

Nimm dir in dieser Woche vor, dich einer Sache ganz zu widmen, etwas hingebungsvoll zu tun. Das können ganz unterschiedliche Dinge sein, auch etwas ganz Alltägliches:

- einmal ohne Hintergrundmusik essen, Hausaufgaben machen oder lesen,
- einen Film im Fernsehen anschauen ohne in ein anderes Programm zu zappen,
- einen Spaziergang machen, ohne dabei noch Besorgungen zu erledigen,
- bewusst in Ruhe beten.

Eine andere Möglichkeit, die Hingabe zu erspüren und zu erleben, ist das Niederfallen vor Gott, im Lateinischen die „prostratio“ genannt. Diese Gebärde finden wir heute nur noch in der Liturgie am Karfreitag und bei der Priester- oder Diakonenweihe. Dennoch lohnt es sich, diese ungewöhnliche Gebetshaltung auszuprobieren.
Das „Sich-dem-Boden-anvertrauen“ und „Sich-ausbreiten-vor-Gott“ drückt in besonderer Weise Hingabe aus.

Versuche es ganz allein für dich selbst, in aller Stille, da wo du Platz dazu hast und du dich wohlfühlst:

- Stehe zunächst mit beiden Beinen fest auf der Erde. Dann knie langsam nieder und lege dich anschließend auf den Boden. Deine Arme sind angewinkelt und deine beiden Hände stützen die Stirn.
- Gib deine Kraft und auch deine Gedanken in die Erde hinein. Vertraue dich dem Boden und auch Gott an.
- Spüre nach, wie es dir dabei geht. Vielleicht erahnst du etwas von diesem Sich-hingeben-können?
- Wenn du dich nicht mehr wohlfühlst, dann ist es Zeit, wieder auf die Knie zu kommen. Verweile etwas und stehe dann langsam auf. Lasse die Übung ausklingen.
- Um wieder in den Alltag zu gleiten, kann es dir helfen, Arme, Schultern und Beine auszustreifen und dich auszuschütteln.

Jesus Christus,

Du hast dich ganz hingegeben,
bis zu deinem Tod am Kreuz,
damit wir in unserem Sterben
nicht allein gelassen sind.

Du hast dich uns ganz hingegeben,
in Brot und Wein,
damit wir leben können
und unsere Sünden vergeben werden.

Manchmal verstehe ich das alles nicht.
Es bleibt mir ein Geheimnis.
Doch ich vertraue dir.

glücklich sein

**Glücklich diejenigen,
die ihre Gärten nicht einzäunen;
sie werden den Applaus der
Schmetterlinge haben.
(Sprichwort)**

Glück, Glück haben, glücklich sein, ... es gibt unzählig viele Sprichwörter und Redensarten zu diesem Thema:

- „Ein jeder ist seines Glückes Schmied",
- „Glück ist zu wissen, was man alles nicht benötigt",
- „Glück: Kratzen können, wo es dich juckt",
- „Glück ist dort, wo man Glück schenkt",
- „Glück und Glas, wie leicht bricht das",
- „Glück ist gute Gesundheit und ein schlechtes Gedächtnis".

Wahrscheinlich hängt die Vielzahl an Redensarten damit zusammen, dass für jeden Menschen Glück und Glücklichsein etwas anderes bedeutet.

Bei einem Taizé-Nachtreffen beschreiben Jugendliche Glücklichsein so:
„Man steht in der Kälte und wartet auf das Essen, das sehr einfach ist. Dann sitzt man auf dem kalten Boden. Darüber denkst du aber nur ganz kurz nach. Denn wenn dann eine Gruppe zu singen beginnt, wird man von innen her warm."

Die Feldrede

Anders als bei der bekannteren Stelle im Matthäus-Evangelium, der Bergpredigt, spricht Jesus hier auf einem Feld. Der Berg und das Feld, beide sind besondere Orte. Sie sind Orte der Gottesbegegnung. Hier sind die Menschen Gott besonders nahe, ihre Herzen sind geöffnet. Und Jesus zeigt ihnen eine Spur zum Glücklichsein auf.

Jesus stieg mit ihnen den Berg hinab. In der Ebene blieb er mit einer großen Schar seiner Jünger stehen und viele Menschen aus ganz Judäa und Jerusalem und dem Küstengebiet von Tyrus und Sidon strömten herbei. Sie alle wollten ihn hören und von ihren Krankheiten geheilt werden. Auch die von unreinen Geistern Geplagten wurden geheilt. Alle Leute versuchten, ihn zu berühren; denn es ging eine Kraft von ihm aus, die alle heilte.
Er richtete seine Augen auf seine Jünger und sagte: Selig, ihr Armen, denn euch gehört das Reich Gottes. Selig, die ihr jetzt hungert, denn ihr werdet satt werden. Selig, die ihr jetzt weint, denn ihr werdet lachen. Selig seid ihr, wenn euch die Menschen hassen und aus ihrer Gemeinschaft ausschließen, wenn sie euch beschimpfen und euch in Verruf bringen um des Menschensohnes willen.

Freut euch und jauchzt an jenem Tag; euer Lohn im Himmel wird groß sein. Denn ebenso haben es ihre Väter mit den Propheten gemacht.
Aber weh euch, die ihr reich seid; denn ihr habt keinen Trost mehr zu erwarten. Weh euch, die ihr jetzt satt seid; denn ihr werdet hungern. Weh euch, die ihr jetzt lacht; denn ihr werdet klagen und weinen. Weh euch, wenn euch alle Menschen loben; denn ebenso haben es ihre Väter mit den falschen Propheten gemacht. (Lk 6,17–26)

Einfach nur daliegen,
die Düfte wirken lassen,
entspannen,
nichtstun,
nachdenken.

Schreiben, Gefühle zum Vorschein bringen.
Ruhigsein und nicht nur singen.
Die Farben sehen, die Wärme fühlen.
Einfach in Gedanken wühlen.

Was will ich eigentlich?
Was ist mir wichtig in meinem Leben?
Bekomme ich 'ne gute Freundin,
'nen guten Job?
Werde ich glücklich?
Ich bin dankbar, dass ich Zeit finde
über die Dinge nachzudenken!

Andreas

Zeit für das Glück

Für jeden bedeutet Glück etwas anderes. Nimm dir die Zeit einmal zu überlegen, was Glück für dich bedeutet, wann du glücklich bist.
Den folgenden Satz zu vervollständigen, kann dir dazu eine Hilfe sein:
„Ich bin glücklich, wenn …"

Gehe die letzte Woche durch! Wann warst du glücklich? – und sei es auch nur ein Augenblick gewesen.
Sammle diese Momente des Glücks und bewahre sie in der Schatzkammer deines Herzens auf.

Selbst glücklich zu sein, schließt mit ein, auch andere glücklich zu machen:

„Ich nehme mir bewusst vor, in den nächsten Tagen jemandem, der mir am Herzen liegt, eine Freude zu bereiten (z. B. einen Brief, der schon ewig da liegt, beantworten, ein Telefonat zu führen, eine kleine Überraschung vorzubereiten, …)."

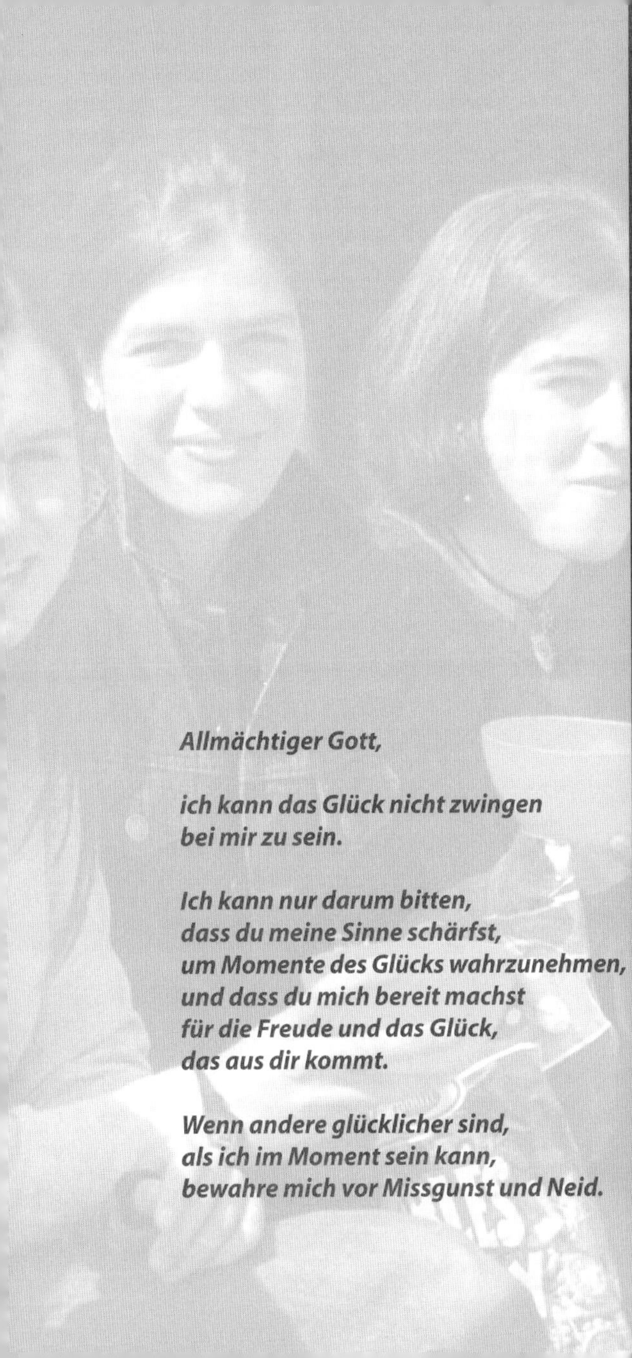

Allmächtiger Gott,

***ich kann das Glück nicht zwingen
bei mir zu sein.***

***Ich kann nur darum bitten,
dass du meine Sinne schärfst,
um Momente des Glücks wahrzunehmen,
und dass du mich bereit machst
für die Freude und das Glück,
das aus dir kommt.***

***Wenn andere glücklicher sind,
als ich im Moment sein kann,
bewahre mich vor Missgunst und Neid.***

leiden

Geteilte Freude ist doppelte Freude,
geteiltes Leid ist halbes Leid.
(Sprichwort)

In Taizé – oder anderswo:
Seit ein paar Tagen spüre ich das Kribbeln im Bauch.
Ja, ich kann ihn gut leiden, sehr gut sogar.
Ich erwidere seine Blicke, sie werden intensiver, leidenschaftlicher.

Leiden hat mit Liebe zu tun.

In Taizé – oder anderswo.
Ich treffe mit Menschen aus anderen Ländern zusammen.
Ich lerne sie kennen. Ein paar wachsen mir ans Herz.
Ich freue mich mit ihnen, lache und tanze.
Bei Sorgen und Nöten versuche ich zu helfen, zu trösten.
Ich leide mit.
Auch das Leid in der Welt lässt mich nicht kalt.

Leiden hat mit Nächstenliebe zu tun.

In Taizé – oder anderswo:
Ich bin in der Kirche. Jesus Christus hängt am Kreuz.
Ich betrachte sein Leben und seinen Leidensweg.
Er kennt das Leid der Menschen
und ist dagegen aufgestanden.
Er selbst hat gelitten bis zu seinem Tod. Gott leidet.
Es folgt die Auferstehung.

Leiden hat mit Gottesliebe zu tun.

Das Gebet in Getsemani

Die Jünger, die Jesus gut leiden können, wollen ihm in seiner schwersten Stunde beistehen. Und das ist gar nicht so einfach.

Darauf kam Jesus mit den Jüngern zu einem Grundstück, das man Getsemani nennt, und sagte zu ihnen: Setzt euch und wartet hier, während ich dort bete. Und er nahm Petrus und die beiden Söhne des Zebedäus mit sich.
Da ergriff ihn Angst und Traurigkeit, und er sagte zu ihnen: Meine Seele ist zu Tode betrübt. Bleibt hier und wacht mit mir! Und er ging ein Stück weiter, warf sich zu Boden und betete: Mein Vater, wenn es möglich ist, gehe dieser Kelch an mir vorüber. Aber nicht wie ich will, sondern wie du willst. Und er ging zu den Jüngern zurück und fand sie schlafend. Da sagte er zu Petrus: Konntet ihr nicht einmal eine Stunde mit mir wachen? Wacht und betet, damit ihr nicht in Versuchung geratet. Der Geist ist willig, aber das Fleisch ist schwach. Dann ging er zum zweiten Mal weg

und betete: Mein Vater, wenn dieser Kelch an mir nicht vorübergehen kann, ohne dass ich ihn trinke, geschehe dein Wille. Als er zurückkam, fand er sie wieder schlafend, denn die Augen waren ihnen zugefallen. Und er ging wieder von ihnen weg und betete zum dritten Mal mit den gleichen Worten. Danach kehrte er zu den Jüngern zurück und sagte zu ihnen: Schlaft ihr immer noch und ruht euch aus? Die Stunde ist gekommen; jetzt wird der Menschensohn den Sündern ausgeliefert. Steht auf, wir wollen gehen! Seht, der Verräter, der mich ausliefert, ist da. (Mt 26,36–46)

In Situationen, in denen ich mich verlassen
und hilflos fühle,
frage ich: Wo bist du, o Gott?
Ich rufe zu dir, höre aber keine Antwort.
Ich bringe dir mein Leid vor
und weiß nicht einmal,
ob mein Rufen und Klagen
überhaupt den Raum verlässt.
Wie weit dringt mein Bitten?
Warum zeigst du dich nicht?
Du schweigst.
Bist Du etwa ein Gott der Toten?
Sind wir erst im Tod miteinander vereint?

Andreas

Sich dem Leid zuneigen

An Karfreitag gibt es in manchen Kirchengemeinden eine wunderbare Geste. Bei der Kreuzverehrung gehen auch die Gottesdienstbesucher vor bis zum Kreuz, das auf den Altarstufen liegt. Sie knien nieder und verneigen sich vor dem Kreuz.
Auch in Taizé wird dieses Symbol aufgegriffen. Am Freitagabend wird die Kreuzikone auf den Boden gelegt und die Jugendlichen können hingehen, ihre Stirn auf das Holz des Kreuzes legen und so im Gebet ihre Sorgen und Nöte und auch die Lasten anderer Menschen in Gott versenken.
Sich dem Kreuz, dem Leid zuneigen, es nicht verdrängen – eine gute Form, um mit Leid umzugehen.
Sollte sich die Möglichkeit bieten, diese Geste tatsächlich nachzuvollziehen, so nütze sie!

Auch in Gedanken kannst du dich dem Kreuz zuneigen:

- Welches sind meine Schwierigkeiten, Ängste und Nöte, die ich dem Kreuz anvertrauen, in Gott versenken will?

Versuche sie in Worte zu fassen und vor Gott zu bringen.

- Wen kann ich gut leiden? Kenne ich sein Leid, seine Nöte und Probleme? Diese kann ich vor Gott tragen.

Versuche einmal eine Fürbitte für diese Person zu formulieren, z. B. „Ich bitte für …, dass sie/er … Christus erhöre mich."

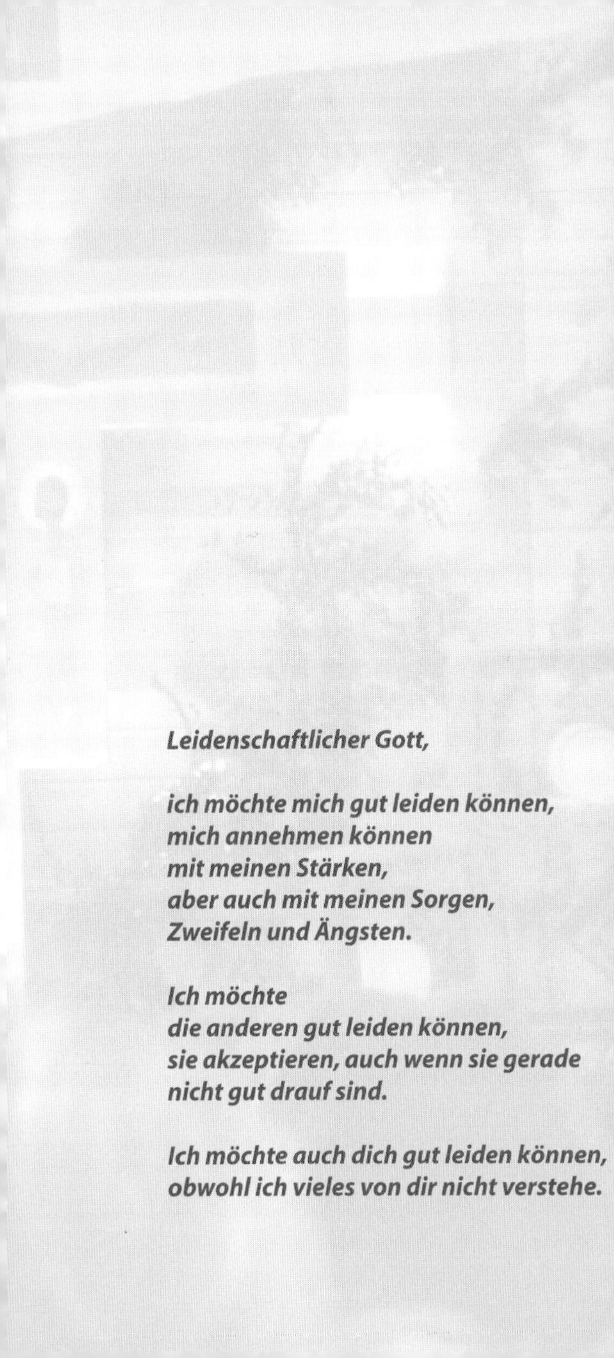

Leidenschaftlicher Gott,

ich möchte mich gut leiden können,
mich annehmen können
mit meinen Stärken,
aber auch mit meinen Sorgen,
Zweifeln und Ängsten.

Ich möchte
die anderen gut leiden können,
sie akzeptieren, auch wenn sie gerade
nicht gut drauf sind.

Ich möchte auch dich gut leiden können,
obwohl ich vieles von dir nicht verstehe.

sich begegnen

Je näher wir uns kennen,
um so geheimnisvoller werden wir einander.
(Albert Schweitzer)

Verschiedene Sprachen, Nationen und Konfessionen,
zusammen in einem Geist,
der sich nicht beschreiben, sondern nur erleben lässt.

Ein Geist, der in der morgendlichen Gesprächsgruppe
die holprige Rede beflügelt
und uns das Bemühen ins Herz schreibt,
den anderen wirklich kennen zu lernen.

Ein Geist, der uns Zeit schenkt zu Spiel und Tanz,
uns die Sorgen des Gestern und des Morgen
vergessen lässt
und uns zu Augenblicken der Freundschaft versammelt.

Ein Geist, der einen Besuch im Pub nicht scheut,
wo Polen, Italiener, Kroaten und Deutsche gemeinsam
zur Musikbox „Yesterday" gröhlen.

Ein Geist, der in der Achterbahn
des Vergnügungsparks mitfährt
und den Busfahrer beseelt,
uns über die geplante Route hinaus
mitten in der Nacht an unser Quartier zu chauffieren.

Ein Geist, der den fünftägigen Gast nicht zur Last macht,
sondern die Gastfamilie überzeugt,
dass mit dem Gast Gott im Haus wohnt.

Der Auferstandene begegnet Maria von Magdala

Maria von Magdala war noch in der Dunkelheit der Frühe zum Grab gegangen und hatte bemerkt, dass der Stein weggerollt war. Sie läuft zurück und berichtet dies Petrus und Johannes. Beide rennen zum Grab. Maria war wohl mit den beiden dorthin zurückgelaufen. Sie steht nach dem Weggang der Jünger wieder allein vor dem Grab und wird nun durch die Begegnung mit Christus zur ersten echten Osterzeugin.

Maria aber stand draußen vor dem Grab und weinte. Während sie weinte, beugte sie sich in die Grabkammer hinein. Da sah sie zwei Engel in weißen Gewändern sitzen, den einen dort, wo der Kopf, den anderen dort, wo die Füße des Leichnams Jesu gelegen hatten. Die Engel sagten zu ihr: Frau, warum weinst du? Sie antwortete ihnen: Man hat meinen Herrn weg-

genommen, und ich weiß nicht, wohin man ihn gelegt hat. Als sie das gesagt hatte, wandte sie sich um und sah Jesus dastehen, wusste aber nicht, dass es Jesus war. Jesus sagte zu ihr: Frau, warum weinst du? Wen suchst du? Sie meinte, es sei der Gärtner, und sagte zu ihm: Herr, wenn du ihn weggebracht hast, sag mir, wohin du ihn gelegt hast. Dann will ich ihn holen. Jesus sagte zu ihr: Maria! Da wandte sie sich ihm zu und sagte auf Hebräisch zu ihm: Rabbuni!, das heißt: Meister. Jesus sagte zu ihr: Halte mich nicht fest; denn ich bin noch nicht zum Vater hinaufgegangen. Geh aber zu meinen Brüdern und sag ihnen: Ich gehe hinaus zu meinem Vater und zu eurem Vater, zu meinem Gott und zu eurem Gott. Maria von Magdala ging zu den Jüngern und verkündete ihnen: Ich habe den Herrn gesehen. Und sie richtete aus, was er ihr gesagt hatte. (Joh 20,11–18)

Gott, mein Freund

Es ist gut einen Freund zu haben,
wenn man auf eine Reise geht.
Dabei ist es nicht wichtig,
ob du neben ihm her gehst oder nicht,
denn Freunde warten auch aufeinander.

Es ist gut einen Freund zu haben,
wenn man Fehler macht.
Dabei ist es nicht wichtig zu heucheln,
denn Freunde verzeihen einander.

Es ist gut einen Freund zu haben,
wenn man glücklich ist.
Dabei ist es nicht wichtig,
wer Grund zur Freude hat,
denn Freunde lachen gemeinsam.

Es ist gut einen Freund zu haben,
wenn man ihn braucht.
Dabei ist es nicht wichtig, unterwürfig zu sein,
denn Freunde brauchen sich nicht danke sagen
und müssen sich nicht um etwas bitten.

Treue Freunde sind einfacher.
Sie geben und nehmen als Freund –
das ist der größte Dank und die größte Bitte.
Gott, mein Freund: gib und nimm!

Dietmar

Gelingende Begegnung

Was von Jesus in den Evangelien berichtet wird, sind zum größten Teil Begegnungen. Die Menschen, die mit Jesus zusammentreffen, gehen verwandelt aus der Begegnung hervor. Lass deine Beziehungen von den biblischen Begegnungsgeschichten formen. Wie das aussieht, kannst du der Erzählung von der Erscheinung Jesu vor Maria von Magdala ablesen.

Wenn du Kummer hast, igle dich nicht ein und bleib nicht zu Hause. Mach dich auf den Weg …
… wie Maria das Grab des Herrn aufsuchte.

Lass dir von anderen Fragen stellen und lasse dich in Frage stellen …
… wie Maria von den Engeln im Grab.

Sprich aus, was dir der andere bedeutet, was er für dich ist …
… wie Maria den Engeln von „meinem Herrn" erzählt.

Sei offen für den Fremden und den Unbekannten …
… wie Maria mit dem Gärtner ins Gespräch kommt.

Lass den anderen bei dir ankommen anstatt ihn zu überwältigen …
… wie Jesus sich nicht gleich als der Herr zu erkennen gibt, sondern Maria durch Fragen zu sich heranführt.

Rede den anderen mit seinem Namen an als Zeichen, dass du ihn kennst und schätzt …
… wie Jesus Maria bei ihrem Namen nennt.

Drücke in Worten aus, wenn du dich verstanden fühlst und wenn du merkst, dass dich der andere „erkannt" hat …
… wie Maria Jesus innig nicht nur Rabbi, sondern Rabbuni nennt.

Schaue dem anderen ins Angesicht …
… wie Maria sich Jesus zuwendet.

Gib den anderen nach einer Begegnung frei für andere Begegnungen …
… wie Jesus es fordert, wenn er sagt: „Halte mich nicht fest."

Lass die Erfahrungen deiner Begegnungen auch für andere fruchtbar werden …
… wie Maria den Jüngern verkündet: „Ich habe den Herrn gesehen."

Geist Gottes,

du einst die verwirrten Sprachen,
du baust Brücken zwischen Menschen,
du heilst Risse in den Herzen.

Du trittst für uns vor Gott ein.
Unsere Masken bröckeln ab
und in unserem Gesicht spiegelt sich
der Glanz Gottes.

Dann begegnen wir dem Nächsten
von Angesicht zu Angesicht, Aug in Auge,
und streicheln sanft mit dem Finger
über seine Wange.

sich versöhnen

**Haltet es miteinander aus
und verzeiht einander,
wenn ihr euch gegenseitig Vorwürfe
zu machen habt.
(Kol 3,13)**

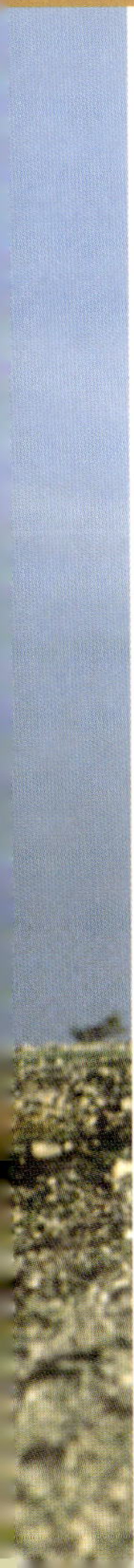

In der Diskussion ist mir plötzlich der Geduldsfaden gerissen,
und auch er war mit seiner Geduld am Ende.
Die Sache eskalierte und wir sind im Streit auseinander
gegangen.

Die Geduldsprobe begann:
Wer gibt sich die Schwäche,
als erster auf den anderen zuzugehen?
Ich habe die Geduld verloren,
wollte den Streit aus der Welt schaffen, vergessen,
ausradieren,
bin auf ihn zugegangen und er …
… hat abgeblockt.

Der Teufelskreis von Schuldzuweisungen drehte sich weiter.
Mir blieb nur die Geduld mit mir selbst,
mit meiner eigenen Unversöhnheit,
und die Geduld mit ihm,
der noch nicht bereit war,
mit unserem vergangenen Streit Frieden zu schließen.

Ich musste wohl oder übel die Geduld eines Esels lernen,
der seine Last immerzu durch die Straßen schleppt
und sich dabei viel Zeit lassen darf,
weil niemand von einem Esel Schnelligkeit erwartet.
Ich habe auf Gottes Geduld gebaut,
seine Geduld mit uns, mit ihm und mit mir.

Bis wir uns Wochen später zum Dart in der Kneipe trafen,
wo unser Geduldspiel in einer ehrlichen Umarmung
ein wahrhaft versöhnliches Ende fand.

Von der Versöhnung

Was im Tempel vollzogen wird, muss sich auch im Alltag bewähren. Versöhnung ist nicht nur eine zwischenmenschliche Angelegenheit, sondern auch ein Geschehen zwischen Gott und dem Menschen. Das religiöse Tun und das soziale Handeln dürfen sich nicht widersprechen.

Wenn du deine Opfergabe zum Altar bringst und dir dabei einfällt, dass dein Bruder etwas gegen dich hat, so lass deine Gabe dort vor dem Altar liegen; geh und versöhne dich zuerst mit deinem Bruder, dann komm und opfere deine Gabe. Schließ ohne Zögern Frieden mit deinem Gegner, solange du mit ihm noch auf dem Weg zum Gericht bist. Sonst wird dich dein Gegner vor den Richter bringen, und der Richter wird dich dem Gerichtsdiener übergeben, und du wirst ins Gefängnis geworfen. Amen, das sage ich dir: Du kommst dort nicht heraus, bis du den letzten Pfennig bezahlt hast. (Mt 5,23–26)

Gott der Leidenschaft

Ich glaube an …
… einen Gott, der uns so sehr liebt,
dass es einem fast das Herz zerreißt,
… einen Gott, der nie aufhören wird
uns so leidenschaftlich zu lieben,
dass er uns annimmt wie wir sind
und uns immer vergibt.
Er vergisst uns nie.
Auch wenn wir uns von ihm abwenden,
nimmt er uns immer wieder neu an.
Diese Liebe kann man meiner Meinung nach
am besten durch einen Menschen,
der einen liebt, erfahren – und dabei muss man
denken:
Gott ist allmächtig
und seine Liebe unendlich
und somit tausendmal stärker
als die eines Menschen.
Wer also einmal richtig geliebt worden ist
oder wird,
kann sich sicher vorstellen,
wie toll es sein muss,
von Gott geliebt zu werden.

Mirjam

Elemente der Versöhnung

Wesentliche Elemente der Versöhnung sind Geduld mit sich selbst und mit den anderen. Hinzu kommt das Vertrauen, dass Gott mit uns und mit unserer Ungeduld geduldig ist. Eine „Kultur der Versöhnung" kannst du mit Gebetsgebärden der Hände körperlich erspüren und einüben.

Geduld
– die Hände vor das Gesicht halten

- Ich lasse mich durch nichts stören, was um mich herum geschieht.
- Ich verdecke mein Gesicht, um das Angesicht Gottes zu erahnen, der mich geduldig ansieht.
- Ich berühre mich selbst ganz sanft im Gesicht, das ich wahren und zugleich dem anderen zuwenden möchte.

Offenheit im Umgang miteinander
– die Hände zu einer Schale formen

- Ich bin offen für den anderen, seine Geschichte, unsere gemeinsame Geschichte im Streit und vor dem Streit.
- Ich lasse nichts aus der Hand gleiten, sondern bewahre alles als Kostbarkeit unserer Begegnung.
- Ich hoffe, dass Gott mir einen Schlüssel zur Versöhnung in die Hand legt.

Vertrauen zueinander
– die Arme ausbreiten

- Ich gebe mich Gott hin, lasse ihn wirken und gestalten.
- Ich erinnere mich an die Geste einer freundschaftlichen Umarmung in der Hoffnung auf Versöhnung.
- Ich gehe noch einmal in mich, halte mich zurück und drücke aus, dass Versöhnung nicht erzwungen werden kann.

Einsicht in die eigene Schuld
– sich an die Brust klopfen

- Ich klopfe mir an die Brust, wo mein Herz schlägt, um den Anteil meiner Schuld zu erforschen.
- Ich versetze mich in den Zöllner, der sich im Tempel an die Brust schlägt: „Gott sei mir Sünder gnädig." (Lk 18,13)
- Ich bekenne bewusst meine Schuld und meine Bereitschaft zur Umkehr.

Maßnehmen an der Versöhnungsbereitschaft Christi
– das Kreuzzeichen machen

- Ich führe meine Hand von der Stirn abwärts zur Brust: Gott will in meine Unversöhntheit kommen.
- Ich führe meine Hand seitwärts von der linken zur rechten Brust: Ich will mich für Gottes Ankunft öffnen.
- Ich mache das Kreuzzeichen und erinnere mich an die maßlose Versöhnungsbereitschaft Christi am Kreuz: „Vater, vergib ihnen, denn sie wissen nicht, was sie tun.“ (Lk 23,34)

Christus,

Versöhner der Gegensätze,
du bist immer bei mir,
im bunten Blühen der Blumen
und in der grauen Steinwüste,
in freudigen Gedanken
und in grüblerischem Zweifel,
in innerem Frieden
und in Zerrissenheit,
im Streit
und in der Umarmung,
in der Zärtlichkeit,
in jedem Kuss.

vertrauen

**Lasst uns dem Leben trauen,
weil wir es nicht alleine zu leben haben,
weil Gott es mit uns lebt.**
(Alfred Delp)

„Alles ist wieder gut", sagt die Mutter zu ihrem Kind, das weinend in der Nacht aufgewacht ist. Sie schaukelt es noch ein wenig im Arm, summt ein Lied und das Kind schläft beruhigt wieder ein.

Eine ganz alltägliche Situation, die sich Nacht für Nacht in vielen Familien wiederholt – und doch ist es auch ein ganz wichtiger Vorgang für die Entwicklung des Kindes. In der Zuversicht, dass „alles wieder gut wird", kann das Kind Vertrauen entwickeln, Vertrauen in die Eltern, Vertrauen in die Welt.

Angesichts der wahren, unguten Situation von Leid und Krieg in der Welt scheint dabei das Vertrauen auf einer Lüge aufgebaut zu sein. Allerdings nur auf den ersten Blick.

Wer tiefer blickt, über die Welt hinausschaut, erhält einen Ausblick, eine Hoffnung auf Heil, die unsere Welt überragt und es möglich macht, dass „alles gut wird".

Vertrauen entsteht und wächst nicht in großen Mutproben, sondern in alltäglichen Dingen und unscheinbaren Zeichen zwischen Menschen und wohl auch zwischen den Menschen und Gott.
Ein Jugendlicher aus Taizé beschreibt es so:
„Vertrauen braucht Zeit und Begegnung. In Taizé nimmt man sich Zeit."

Der Gang Jesu auf dem Wasser

Nicht nur Jesus geht in dieser Geschichte auf dem See. Im Vertrauen auf ihn kann auch Petrus das Unmögliche tun. Solange sein Vertrauen ausreicht, gelingt es ihm, übers Wasser zu gehen. Erst als die Angst stärker ist, beginnt Petrus unterzugehen.

Gleich darauf forderte er die Jünger auf, ins Boot zu steigen und an das andere Ufer vorauszufahren. Inzwischen wollte er die Leute nach Hause schicken. Nachdem er sie weggeschickt hatte, stieg er auf einen Berg, um in der Einsamkeit zu beten. Spät am Abend war er immer noch allein auf dem Berg. Das Boot aber war schon viele Stadien vom Land entfernt und wurde von den Wellen hin und her geworfen; denn sie hatten Gegenwind. In der vierten Nachtwache kam Jesus zu ihnen; er ging auf dem See. Als ihn die Jünger über den See kommen sahen, erschraken sie, weil sie meinten, es sei ein Gespenst, und sie schrien vor Angst.

Doch Jesus begann mit ihnen zu reden und sagte: Habt Vertrauen, ich bin es; fürchtet euch nicht! Darauf erwiderte ihm Petrus: Herr, wenn du es bist, so befiehl, dass ich auf dem Wasser zu dir komme. Jesus sagte: Komm! Da stieg Petrus aus dem Boot und ging über das Wasser auf Jesus zu. Als er aber sah, wie heftig der Wind war, bekam er Angst und begann unterzugehen. Er schrie: Herr, rette mich! Jesus streckte sofort die Hand aus, ergriff ihn und sagte zu ihm: Du Kleingläubiger, warum hast du gezweifelt? Und als sie ins Boot gestiegen waren, legte sich der Wind. Die Jünger im Boot aber fielen vor Jesus nieder und sagten: Wahrhaftig, du bist Gottes Sohn. (Mt 14,22–33)

Jesus ist da, wenn man Probleme hat,
in der Schule, mit den Eltern, mit den Freunden …
Jesus kann man alles anvertrauen.
Guten Freunden kann man auch viel erzählen
und anvertrauen,
aber wenn man ehrlich ist,
kann man nur Jesus alles sagen.
Und dabei ist es gar nicht nötig,
es zu veröffentlichen,
denn Jesus kriegt alles mit.

Veronika

Vertrauen ist wie eine Eiche

In der Wortfamilie von Vertrauen finden sich die Wörter: sich trauen, jemandem trauen und Treue.
Interessanterweise haben dabei das Wort Treue und der Baum, die Eiche, gleiche Wurzeln. Sie stammen von dem indoeuropäischen „drewo" ab, was mit Treue übersetzt werden kann und auch die Eiche meint.

Die Eiche, etwas Festes, Stämmiges, Verwurzeltes. – Ein schönes Bild für die Treue und auch für das Vertrauen!

Betrachte die Eiche zu Beginn des Kapitels. Lasse das Bild auf dich wirken. Findest du Verbindungen, Gemeinsamkeiten, Ähnlichkeiten mit dem Vertrauen?

- Wie tief mögen die Wurzeln liegen? Welcher Boden gibt ihnen Halt?
- Gehe den Stamm entlang. Welche Ereignisse haben Risse und Furchen hinterlassen?
- Wie alt mag der Baum sein?
- Schau die Äste an, die dicken und dünnen und noch dünneren. Einer folgt aus dem anderen.
- Manche Äste sind geknickt, manche dürr und krank.

- Es gibt Abzweigungen, Gabelungen, Verästelungen. Und alles scheint doch eine Einheit zu sein.
- Die Krone ragt in den Himmel. Von oben kommt der Leben spendende Regen und das Licht.
- Da sind die Blätter, die dem Baum Fülle geben und Schatten spenden. Sie sind nicht von Dauer.
  Ob sie im Frühling wieder kommen?
- Unzählige Tiere leben mit dem Baum und von ihm.
- In der Eichel ist alles für einen Baum angelegt. Ein neuer Anfang ist möglich.

Vertrauen ist wie eine Eiche.

Gott, der du da bist

Mich dir anvertrauen?
Mit meinen Sorgen und Nöten,
Klagen und Freuden?

Ob es bei dir ankommt?

Manchmal zweifle ich.

Lass mich nicht im Stich.
Lass mein Vertrauen zu dir wachsen.

Abschied nehmen

Partir c'est un peu mourir. –
Gehen heißt ein bisschen sterben.
(Sprichwort)

Jesus schaut mich an.
Ich sehe deutlich sein Antlitz
auf dem Goldgrund der Ikone.
Er hört mir zu und versteht, wie ich mich jetzt fühle.
Ich habe mich an dieses einfache Leben gewöhnt
und nichts von zu Hause vermisst.
Ich habe die Einfachheit und Schlichtheit von Taizé lieb gewonnen.

Ich weiß, dass du immer bei mir bist
und ich überall zu dir, Christus, kommen darf.
Doch als ich vorhin zum letzten Gebet dieser Tage gegangen bin,
bekam ich weiche Knie und der Boden zitterte unter mir.
Bricht jetzt alles zusammen?

Es war eine kostbare Zeit in dieser Stadt aus Gold,
und im Gold der Ikonen lasse ich die Stunden
langsam an mir vorüberziehen.
Dankbarkeit und Abschiedsschmerz,
tiefe Freude und Liebeskummer
sind das Gold meiner Ernte.

Ob der Glanz der heiligen Bilder da vorne
und das Licht der Bilder in mir
meinen morgigen Alltag
vergolden können?

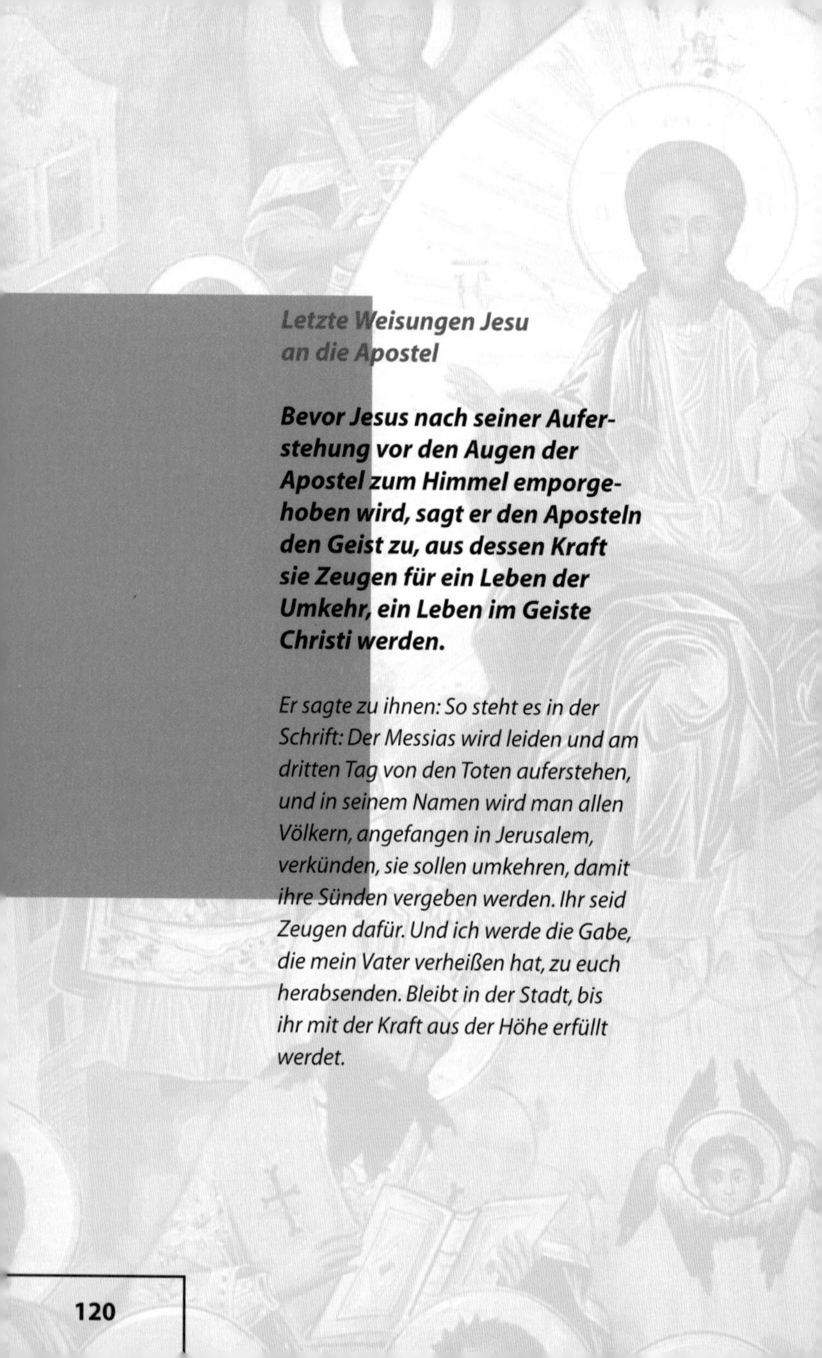

Letzte Weisungen Jesu an die Apostel

Bevor Jesus nach seiner Auferstehung vor den Augen der Apostel zum Himmel emporgehoben wird, sagt er den Aposteln den Geist zu, aus dessen Kraft sie Zeugen für ein Leben der Umkehr, ein Leben im Geiste Christi werden.

Er sagte zu ihnen: So steht es in der Schrift: Der Messias wird leiden und am dritten Tag von den Toten auferstehen, und in seinem Namen wird man allen Völkern, angefangen in Jerusalem, verkünden, sie sollen umkehren, damit ihre Sünden vergeben werden. Ihr seid Zeugen dafür. Und ich werde die Gabe, die mein Vater verheißen hat, zu euch herabsenden. Bleibt in der Stadt, bis ihr mit der Kraft aus der Höhe erfüllt werdet.

Dann führte er sie hinaus in die Nähe von Betanien. Dort erhob er seine Hände und segnete sie. Und während er sie segnete, verließ er sie und wurde zum Himmel emporgehoben; sie aber fielen vor ihm nieder. Dann kehrten sie in großer Freude nach Jerusalem zurück. Und sie waren immer im Tempel und priesen Gott. (Lk 24,46–53)

Ich bin müde, ausgepowert, ohne Nerven.
Was für ein Gefühl.
Es war eine lange Nacht mit netten Leuten.
Wir sangen, tranken, sprachen: Es war toll.
Aber jetzt, was ist jetzt?
Die Zeit ist fast vorbei, und was kann ich sagen?
Danke, danke, dass ich dabei war.

Bernd

Die Ikone als Abschiedsbild

Betrachte die Ikone. Lass dich von ihr trösten in Zeiten des Abschieds von lieb gewonnenen Menschen und Orten. Die Ikone kann dir zunächst die Kostbarkeit der gemachten Erfahrungen vergegenwärtigen. Dann ist sie ein Fenster, durch das hindurch du das göttliche Urbild der Liebe erkennst. Und schließlich kannst du durch die Ikone in deinen Alltag blicken.

Das kostbare Gold der geschenkten Erfahrung

- Betrachte die Ikone, ihr Gold, ihren Glanz, ihre Fülle, ihr himmlisches Licht.
- Sammle die Erfahrungen der Tage, die Erlebnisse deiner Fahrt, alles, was du erfahren hast.
- Mach dir bewusst, dass das Erlebte Geschenk ist. So wenig die Ikone Gott abbilden kann, so wenig kannst du deine Erfahrungen festhalten. Aber die Ikone kann dich immer wieder an eine vom göttlichen Geist durchwehte Zeit erinnern.

Das glänzende Gold des göttlichen Urbildes

- Betrachte das Antlitz Christi auf der Ikone. Lass dich von Christus anschauen. Verspüre die freundschaftliche Begegnung zwischen ihm und dir.
- Die Verehrung des Bildes geht über auf das Urbild, auf Christus. Er ist das Urbild eines Lebens in Vertrauen und Hingabe. Im Bild der Ikone wird er ansprechbar.
- Nimm die Ikone als Fenster, das zum Reich Gottes offen steht. Durch das Gold hindurch siehst du „die Stadt aus reinem Gold, wie aus reinem Glas“ (Offb 21,18). Mach dir bewusst, dass diese neue Welt bereits angebrochen ist.

Das ermutigende Gold für den Alltag

- Blicke durch das Gold der Ikone in deinen Alltag. Überziehe ihn nicht gleich mit einer Goldschicht, sondern betrachte ihn ungeschönt in seiner Banalität. Denke aber auch an tiefe Begegnungen im Alltag.
- Streife den Gedanken ab, dass die gemachten Erfahrungen aus deinem Alltag plötzlich eine „schöne, neue Welt" machen können. Deine „neuen" Erfahrungen müssen in deine „alte" Welt übersetzt werden. Gott wertet deinen Alltag nicht ab, sondern will ihn wertvoller machen.
- Gott hat sich in Christus in die Welt hinein sichtbar gemacht, „abgebildet". Und du bist als ein Bild Gottes geschaffen. Gestalte deinen Alltag in Vertrauen und Hingabe.

Gott in den Höhen der Unbegreiflichkeit
und Unberechenbarkeit,

du wolltest nicht über,
sondern unter den Menschen wohnen.
Deshalb bist du uns in Christus
zum Freund geworden.
Auf ihn können wir zählen.
Ihn können wir umarmen.

Wir dürfen vor dir unsere Mutlosigkeit bekennen,
dich um Kraft für den Alltag bitten
und dir für deine Nähe danken.

Doch weil du in aller Nähe unbegreiflich
und bei aller Verlässlichkeit
unberechenbar bleibst,
werden wir dir nur im Lobpreis gerecht,
der nichts für sich in Anspruch nimmt
und nichts will –
nur dich.

wieder zu Hause sein

**Ich bin dort zu Hause,
wo ich mich verstanden fühle.
(Sprichwort)**

Ich bin wieder da – zurück von einem Ausflug, einer Reise, zurück von Taizé.
Es ist alles beim Alten: mein Zuhause, meine Ausbildung, meine Freunde, mein Bett.

Alles wie gehabt … oder etwa nicht?

Ich bin wieder zu Hause und doch anders da – ich bringe neue Eindrücke und Erlebnisse, neue Erfahrungen, neue Freundschaften und vielleicht auch neuen Schwung und einen neuen Blickwinkel mit.
Und auch zu Hause ging das Leben weiter – die Telefonrechnung ist angekommen, der Rohbau gegenüber hat ein Dach, jemand hat mich vermisst und freut sich auf mich.

Jugendliche berichten von dieser Erfahrung:
„In Taizé bin ich noch voller Kraft und Motivation, zu Hause bricht dann vieles zusammen.
Die Freude über das, was man in Taizé nicht hat und da auch nicht vermisst hat, wird größer, die Freude auf das eigene Bett, auf ein gutes Essen, auf mehr Bequemlichkeiten.
Es ist wie eine Art Liebeskummer."

Die Erscheinung des Auferstandenen am See

Nach dem Tod Jesu sind die Jünger wieder zurückgekehrt in ihre Heimat. Sie gehen ihrem früheren Beruf als Fischer nach, als ob nichts geschehen wäre. Und doch ist nichts mehr so wie vorher, vor allem an diesem Abend.

Danach offenbarte sich Jesus den Jüngern noch einmal. Es war am See von Tiberias und er offenbarte sich in folgender Weise. … Simon Petrus sagte zu den anderen Jüngern: Ich gehe fischen. Sie sagten zu ihm: Wir kommen auch mit. Sie gingen hinaus und stiegen in das Boot. Aber in dieser Nacht fingen sie nichts. Als es schon Morgen wurde, stand Jesus am Ufer. Doch die Jünger wussten nicht, dass es Jesus war. Jesus sagte zu ihnen: Meine Kinder, habt ihr nicht etwas zu essen? Sie antworteten ihm: Nein. Er aber sagte zu ihnen: Werft das Netz auf der rechten Seite des Bootes aus und ihr werdet etwas fangen. Sie warfen das Netz aus und konnten es nicht wieder einholen, so voller Fische war es. Da sagte der Jünger, den Jesus liebte, zu Petrus: Es ist der Herr! Als Simon Petrus hörte, dass es der Herr sei, gürtete er sich das Obergewand um, weil er nackt war, und sprang in den See. Dann kamen die anderen Jünger mit dem Boot – sie waren nämlich nicht weit vom Land entfernt, nur etwa zweihundert Ellen – und zogen das Netz mit den Fischen hinter sich her. Als sie an Land gingen, sahen sie am Boden ein Kohlenfeuer und darauf Fisch und Brot. Jesus sagte zu ihnen: Bringt von den Fischen, die ihr gerade gefangen habt. Da ging Simon Petrus und zog das Netz an Land. Es war mit hundertdreiundfünfzig großen Fischen gefüllt, und obwohl es so viele waren, zerriss das Netz nicht. Jesus sagte zu ihnen: Kommt her und esst! Keiner von den Jüngern wagte ihn zu fragen: Wer bist du? Denn sie wussten, dass es der Herr war. Jesus trat heran, nahm das Brot und gab es ihnen, ebenso den Fisch. Dies war schon das dritte Mal, dass Jesus sich den Jüngern offenbarte, seit er von den Toten auferstanden war. (Joh 21,1–14)

Die gute Nachricht weitersagen, das Evangelium.
Auch wenn viele sagen, die Luft sei raus
aus deiner Botschaft.
Ich will sie nicht greifen, begreifen
und an mich reißen,
sondern verschenken:
Stärke, Zuspruch, Zärtlichkeit, Mut.
Wenn ich anderen davon erzähle,
schwinden auch meine Zweifel.

Frank

Die gute Nachricht weitersagen

Wenn du deine Glaubenserfahrungen und deine Begeisterung in den Alltag mitnehmen und den anderen daran teilhaben lassen willst, kannst du den „Pilgerweg des Vertrauens auf der Erde" mitgehen.
Die Brüder von Taizé haben diesen Pilgerweg ins Leben gerufen. Den Weg mitgehen bedeutet, dass du dich für deinen Wohnort, deine Umgebung und für deine Kirchengemeinde interessierst und dich direkt vor Ort engagierst. So kann Vertrauen unter Menschen wachsen und gestärkt werden.

Konkret könnte das bedeuten:

- Ich lese zu Hause die kirchlichen Mitteilungen, überlege, welche Gruppierung, welches Projekt mich anspricht, und informiere mich darüber.
- Ich überprüfe meine freie Zeit und mache gegebenenfalls bei einem Projekt mit.
- Vielleicht gibt es auch Gleichgesinnte, die Interesse am Aufbau eines Taizé-Gebetstreffens haben oder Mitarbeiterinnen dafür suchen.
- Ich schaue im Internet unter www.taizé.fr nach weiteren Anregungen.

Nicht zuletzt kann es wieder heißen:
Ich entscheide mich aufs Neue, oder zum ersten Mal, aufzubrechen. Aufzubrechen nach Taizé, in den „kleinen Frühling" (nach Papst Johannes XXIII).

Allgegenwärtiger Gott,

egal ob ich aufbreche
oder zu Hause bin
egal ob ich eine Heimat habe
oder Nomade bin,
egal ob ich schwach
oder stark bin.
Du bist bei mir.

Du bist bei mir,
in meinem Alltag
und in der Sekunde der Überraschung.
Du bist bei mir,
in der Routine
und im Moment des Glücks.

Danke

sich erinnern

132

Die Erinnerung ist das letzte Paradies,
aus dem wir nicht vertrieben werden können.

Du kannst diese leeren Seiten nützen, um dir Adressen von neuen Freunden aufzuschreiben oder diese hier selbst zu Wort kommen zu lassen.
Du findest hier auch Platz, um Gedanken, die dir beim Lesen wichtig geworden sind, zu notieren.
Du kannst die Seiten auch zum Malen nützen oder zum Einkleben von Fotos und kleiner Erinnerungsstücke.

Sich erinnern bedeutet nicht, Vergangenes festhalten zu wollen. Es bedeutet, sich die gemachten Erfahrungen und Erlebnisse zu vergegenwärtigen, damit sie das Heute bewegen.